成功する人は字がデカい！

林香都恵
Hayashi Kazue

自由国民社

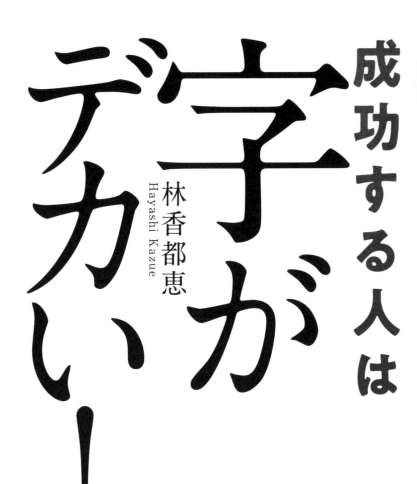

はじ

めに

この本を読んでほしいのは、自分のリミッター（限界点）を外して、次のステージに上がりたいと思っている方です。

あなたが何気なく書いている手書き文字には「生き方のクセ」が表れています。

生き方のクセとは、性格や、考え方のクセ、行動傾向、深層心理、その時の心身の状態を指しますが、最近、私は、「育った環境」の影響も大きいなと考えています。

子供の頃、「親の期待に応えなくては！」「いい子でいなければ！」と思っていた優等生タイプやまじめな女性は、大人になると総じて伸び悩む傾向があります。それは「失敗しちゃいけない」「ちゃんとやりたい」と思いすぎて無意識のうちに行動を制限しているから。

「こうあるべき」「〜はお行儀が悪いからダメ」といった一般常識や倫理観にとらわれて、本当にやりたいことにフタをしたり、やりたいのに恐怖心がブレーキをかけさせていたりする人がとても多いのです。

能力がないわけではないのに実力が出せない、これ、本当にもったいないことです。

結果や成果がわかりやすい学生時代は順調ですが、社会人になると、「こんなはずじゃなかったのに」「なんだかつまらない」「私の強みって何?」「頑張っているのに認められない」「いつまでも自信がつかない」と悩みだすのです。

私の個別診断や講座にはこのようなタイプの人がたくさんいらっしゃいます。みんな最初は「ふつうこんな風に書かないですよね」などと言いながら、こわごわとデカ文字を書くのですが、デカ文字を書く楽しさを知ると、そこから思いがけない自分を発見し、一皮も二皮もつるっと脱皮して、本来の自分を取り戻しにこやかに輝きながら次のステージに上がっていきます。

デカ文字を書くことで、あなたは今まで知らなかった自分の魅力や才能を発見し、ステージアップするための度胸と勇気を手に入れることができます。

この本を通して、あなたにもこの体験を味わっていただければ幸いです。

目次

2章 「デカ文字3原則」で人生を変える 41

2 タイプ別デカ文字の実例

1章
デカ文字の力は無限大

1

人生を変える「デカ文字」
～臆病者はもう卒業

手書きと聞くと、

「きれい」
「きたない」
「うまい」
「へた」

の4つに分類する人が多いですが、筆跡診断士としてたくさんの文字を見てきた者としては、

「その分類、必要ありません！」

と声を大にして言います。

それよりも自由にのびのび書くことを大事にしてほしいです！


そう言っても「やっぱり文字はきれいじゃないと…」「私は字が下手だからダメ」という声を多く聞きます。もちろん、美文字はステキです。でも、美文字が書けないとどうしてダメなのでしょう？

私は今まで約5200人の文字を診断し、経営者や芸能人など、成功者と言われる人の文字をたくさん見ているうちに、何も話を聞かなくても、

「ああ、この人はただ者ではないな」

「何か魅力や能力を持った人だな」

と分かるようになりました。

何が決め手だと思いますか？


美文字かどうかは関係ありません。

あなたもチェックしてみましょう！

【準備するもの】

・コピー用紙か、大きめのノート（B5〜A4サイズ）

・筆記用具（筆圧をかけて書けるボールペンやサインペン）※シャープペンはNG

【ワーク】

・自分の名前をフルネームで縦書きに、

「いつもより大きく」書いてみましょう。

どんなふうに書けましたか？
普段、名前を大きく書く機会はあまりないと思うので、緊張したかもしれません。

例

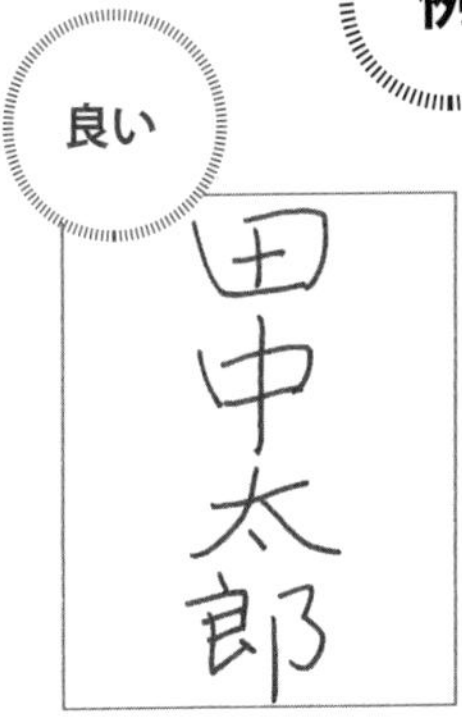

1 同じサイズで大きく書けた

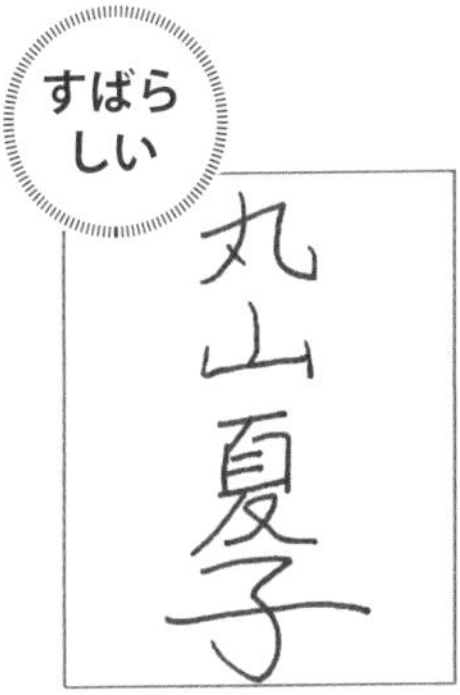

2 下に行くほど大きく、末広がりになった

3 頭でっかち尻すぼみになってしまった

4 大きすぎて入らなかった…

実は決め手は**文字の大きさ**。

成功者の文字は、みんな「超デカ文字」だったんです。

では、**あなたの文字の大きさはどうでしょう？**

このくらいの比率で
書くのが普通。

「いつもより大きく」と言われて、どれくらいのサイズをイメージしましたか？

「大きい」の概念は人それぞれです。

「いくら大きくと言ってもあまり大きく書いたらヘンだよね」「余白やバランスだって必要でしょう？」と考えましたか？

実はそれ、あなたの「たしなみ」という名前の『**遠慮**』かもしれません。


成功者と言われる人の文字は大きく筆圧があって力強いのです。

そこに「遠慮」はありません。

きれいに見せることより、やりたいことを思い切りやる大胆さと、「ちょっとやりすぎじゃない？」と言われても平気な型破りな行動力、それが大きく力強い字を書かせるのです。

簡単に言うと「普通はそんな書き方しないよね」と言われるような文字です。


普通じゃないから他の人にできない才能を発揮できるのです。

でも、たいていの人は「遠慮」します。それが普通。

だって怖いですもんね。つい、無難な型に自分をはめる。

しかし、成功者のデカ文字を見ると、

「わー、こんなに大きく書いていいんだ！」

「そんな発想はなかった」


と、自分の固定概念が外れる気がしませんか？

それに気づけただけでも、今日はすばらしい日です。


無意識に17ページの例1～4のようなデカ文字を書ける人はすごいです！

1のように均等に大きく紙いっぱいに書けた人は行動的でアグレッシブな人。

2のように下に行けば行く程文字サイズが大きくなった人は、気力体力が充実している素晴らしい人。

では、なぜ、３と４は「Fine!」なのでしょう？

理由はこの本の後半で説明しますね。

文字に対する思い込みを外してみましょう

文字の大きさは**行動力**を表します。

だから、行動的で度胸がある人は大きな文字を書くことが多いのです。

紙のサイズを「人生のステージの大きさ」と考えると、大きな文字の人は人生を思いきり動き回っているイメージ。活発なので、上から降ってくるチャンスや出会いにもぶつかりやすい。

ちなみに「大きく書くと文字の形がわからなくなる」と言う人がいますが、これはその大きさの枠に自分の行動がなじんでいない証拠でもあります。デカ文字に慣れて度胸がつくとそれに見合うチャンスに出会えるわけです。

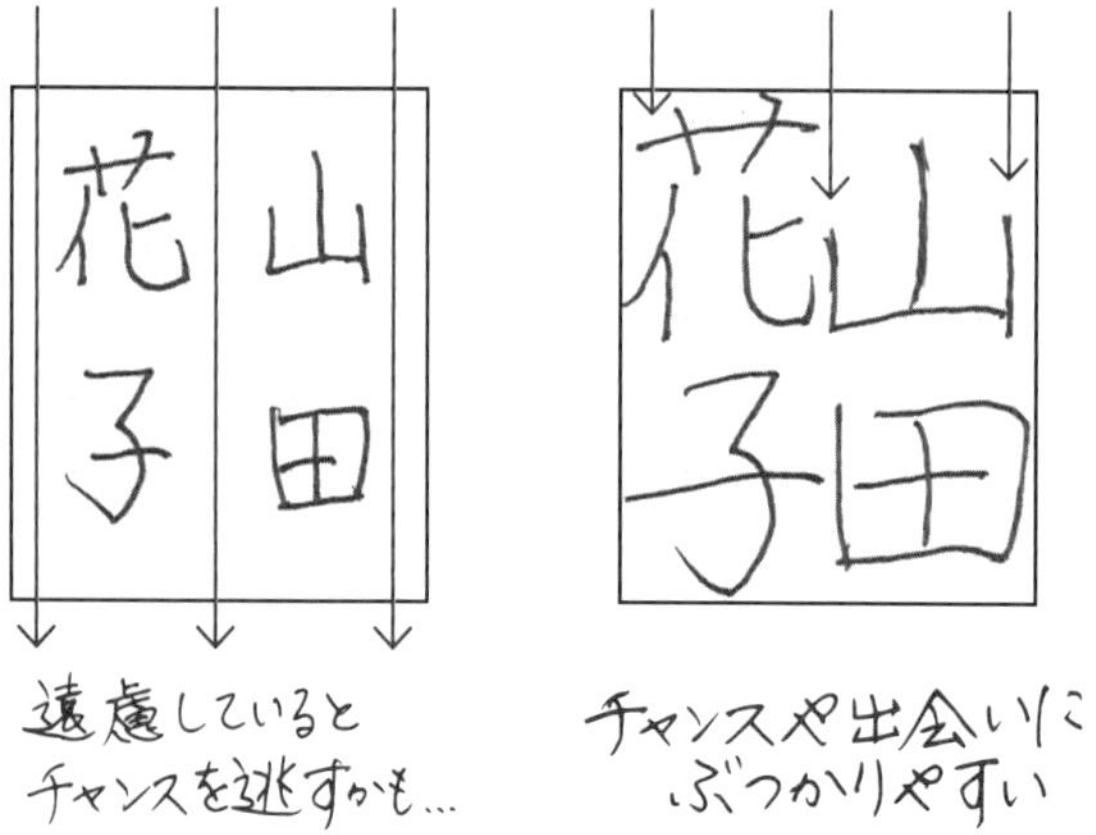
山田
花子
遠慮していると
チャンスを逃すかも…
山田
花子
チャンスや出会いに
ぶつかりやすい

一方、「きちんと書かなきゃ」「きれいに書かなきゃ」「褒められたい」と思うと、「こうあらねば！」と、自分を縛る思考になりがちです。

バランスや大きさを意識して書く文字や余白は美しいですが、でも、意識や義務感が先に立つと堅苦しくて窮屈な印象になってしまいます。

そしてそれを気にしすぎると、どんどん字が小さくなっていきます。

それはあなた自身の魅力・才能・個性にフタをしていることかもしれません。

自分の名前は自分そのもの。

人の目を気にせず好きに書いてみても良いのではないでしょうか？

2 文字を書けば本音がわかる

弊社の受講生に「名前を書いて」というと、年齢・性別に関係なく、みんなニコニコしながら、のびのびダイナミックに名前を書きます。

なぜ楽しそうに書けるかというと、「字を書いている」のではなく「今、自分はこんな風に生きている！」と内観しながら、自分の生き方をイメージしているからです。

でもそれを知らない一般の人からは「すごい！　私はとてもそんな風に書けないわ」と驚かれます。

生活に変化が少なかったり、そもそも変化を求めていなかったり、心配性の方には、大きな文字を書くことを嫌がる方もいます。

もちろん小さい字も悪くありません。

文字の小さい人はエネルギーを内側に向ける傾向があり、例えば、小説家とかホテルマン（出しゃばらない控えめな仕事）といった仕事の人には適しています。

心の健全度が高くやる気に満ちていると、文字は自然に大きくなる傾向にあります。しかし、そのサイズは「自分の基準（固定概念の範囲）」を超えることはありません。

もしあなたが人生を変えてステージアップしたいと思うなら、デカ文字を書くことをお勧めします。

今までしたことのない「大きく書くこと」に挑戦するのは、不安もあるかもしれませんが、書いてみると意外と気持ちが良いものです。

実はこの**気持ちよさ**が重要です。

文字を書くのは脳からの指令による行動の1つ。

だから脳が「気持ちいい！」と感じたこと、脳が喜ぶことはあなたにとってプラスになること、やった方が良いのです！

ポイントは、上手に書くのではなく、脳が喜ぶように大きく気持ちよく書くこと！

3 人生のあらゆる問題はデカ文字が解決

デカ文字が自然に書けるようになると、行動力や度胸がついているので、今まで「できない」と思っていたことが気負わず、するっとできるようになります。

すると自信がついて小さなことにびくびくしなくなるので、仕事の依頼や協力者が増えたり、あなたを取り巻く周囲の流れが変わっていきます。

大げさでなく、**たった1回のデカ文字レッスンで表情が温和になる人も、体調がよくなる人もたくさんいます。**

まじめな日本人は一般的に「善い行い」と言われていることは「自分に合わなくてもやらなければ！」と思っています。

これ、本当はすごいストレスなのです。

司令塔の脳が「やりたくないよー」と言っているのに筋肉が頑張って動かしてるわけですから。

アクセルとブレーキを一緒に踏んで煙り出しながら生きているようなもの。

そりゃ、体調も悪くなります。

でも、脳が喜ぶことをすれば、身体に送られる指令はスムーズになります。

ストレスがなくなるから、表情が温和になったり、体調も良くなるのです。

デカ文字は自分の気持ちを助けるだけでなく、その文字を見せることで周りからのあなたの評価も変わります。

デカ文字を見て印象が悪くなる人はいません。

元気で明るいデカ文字は、「この人は面白そう！」「一緒に仕事がしてみたい」と思ってもらえ、あなたをとりまく人の流れも変わってきます。

老若男女・就職・面接・セールス、恋愛でも！

デカ文字を書くのに慣れると、試験・面接・試合・セールス・恋愛などの場面にも強くなります。

気持ちよくデカ文字が書けると、心が落ち着くだけでなく、あなたから発せられる雰囲気が変わるので、大事に扱ってもらえたり、一目置かれたりします。

これは本来のあなたの能力や魅力が輝き始めた証拠です。

採用面接に立て続けに落ちてしまった女子大生が、面接の前夜と当日の朝、自分の名前をデカ文字で書いていっただけで**面接に受かり**、それを友人に話したら合格の連鎖が起きたこともありますし、名前をデカ文字で書くことで呼吸が整い、**テストの凡ミスが減って成績が上がった**学生さんもいます。

焦ると自分の話ばかりしていつも失敗してしまうセールスの男性が、訪問先の企業の記名帳に自分の名前をデカ文字でゆっくり書くようにしたら**気持ちが落ち着き、ヒヤリングがうまくなり成約率が上がった**例もあります。

また、デカ文字に変えたとたん**恋人ができて、4か月後にゴールイン**。そして仕事でも同じタイミングで**昇進**も果たし、デカ文字の即効性に驚いている人もいます。

寝たきりの80代女性がデカ文字レッスンを受けることで**毎日が楽しくなり、散歩ができるまでお元気になられた**事例もあるんです！

いかがでしょう？　デカ文字効果の事例はまだまだあります。

たかが文字、されど文字。どうせ書くなら身体も心も周りも良くなる字を書いた方が良いですよね。

4 誰も知らないデカ文字メリット

デカ文字→脳が喜ぶ→自己肯定感UP

文字は上手に書こうとすると変に力が入り、（筆跡診断士から見ると）「つまらない文字」になります。

でも「気持ちいい！」と思いながら書いた文字は、上手でなくても清々しく感じるのです。これはリラックスした筋肉から書かれた文字の線は滑らかで濃くなるからです。馬鹿力を出して描いた線とは明らかに違う美しい線です。

気持ちよく書けた時点で心のコンディションは整っているのです。

そのような時は自分でも書いているときから「いい感じ！」とわかりますし、書きあげた後に文字を見ると一目瞭然。なので、思わずにこやかな笑顔になり、すなおに

「この文字（を書けた自分）はいいね！」と言えます。

自分のことは素直に褒められなくても、「気持ちのいい字が書けた自分をほめる」のは意外と簡単です。

欠点と思っていたこと、実は長所！

ここで冒頭17ページのチェックで、3と4がFine!だった理由を説明します。

1のように均等に大きく紙いっぱいに書けた人は行動的でアグレッシブな人。

2のように下に行けば行く程文字サイズが大きくなった人は、気力体力が充実している素晴らしい人と説明しました。

そして、3と4がなぜFine!かというと…**思い立ったらすぐ行動に移す**衝動性が高い人だからです。

3は特にそれが強い。でも先を見越した行動ではないので、「あれ！　足りなくなっちゃった」ということもあります。

４は、衝動性＋行動力があり、ギリギリ何とかならないか粘るものの、ならずに残念！となるタイプ（しかも失敗してもあまり気にしていない）。

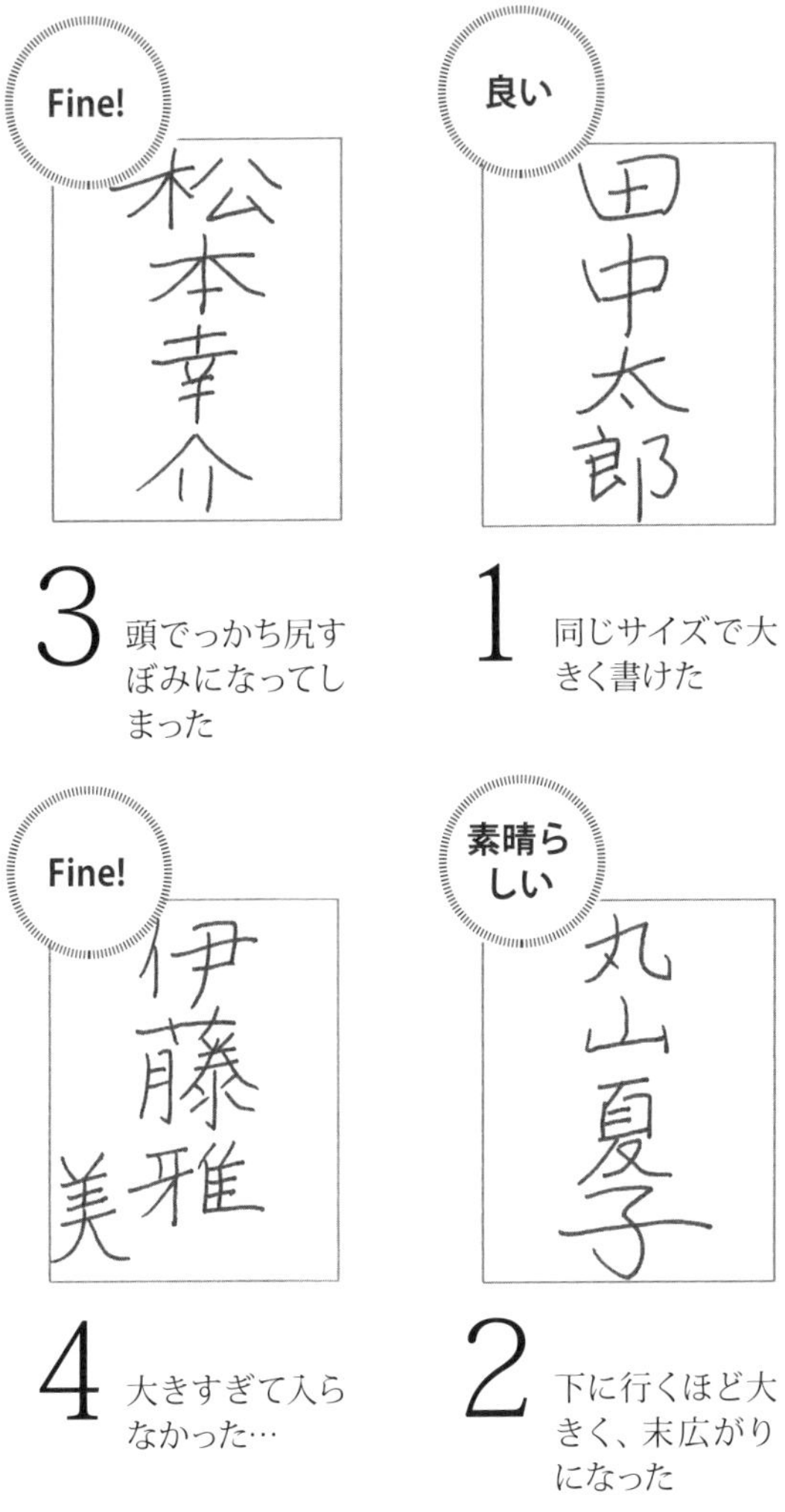
良い
田中太郎
1 同じサイズで大きく書けた
素晴らしい
丸山夏子
2 下に行くほど大きく、末広がりになった
Fine!
松本幸介
3 頭でっかち尻すぼみになってしまった
Fine!
伊藤雅美
4 大きすぎて入らなかった…

衝動的と聞くと良くないイメージがあるかもしれません。

しかし、衝動性は訓練では身に付きにくい天性の能力、私は素晴らしいと思います。

用心深く策を練りすぎてチャンスを逃すより、衝動性のある人はすぐ動くので、失敗してももう一回やり直す機会があります。

その方が経験値も得られて建設的ではないでしょうか？


実は数年前、ある通信制の高校のコミュニケーションの授業で筆跡心理学のプチ講座をさせてもらったことがあります。

私は、何らかの事情で学校に行けなくなった生徒さんは、きっと小さくて弱弱しい字を書くのではないかと勝手に想像していました。

しかし、私の想像に反し多くの生徒が3の字を書いていたのです。

授業で隣の生徒と文字を見せ合い印象を伝えあうワークをしたとき、3の文字を評した生徒が「こんな尻すぼみの字を書くなんておかしい」と言いました。

そのとき、**「いやいやT君の文字はおかしくないよ。むしろすばらしい個性なんだよ」**と、彼の行動特性を解説したところ、T君以外にもその文字を書いていた生徒たちが「先生ありがとう！」「初めて文字をほめられた！」「元気が出た！」と喜んでくれました。

失敗を恐れず早く思い切り動けるのですから、社会に出れば営業など、能力を生かす仕事がたくさんあります。

しかし、このようなタイプの生徒は学校のような集団行動の場が苦手。型にはめられることがつらくなってしまったのではないでしょうか。生きにくいことも多々あるかもしれません。

社会でデカ文字の魅力を発揮してほしいと願うばかりです。

日本語は書くだけで脳トレになる！ 身体にいい！

「基本点画（きほんてんかく）」って覚えていますか？

トメ・ハネ・ハライといった文字を構成している線の種類のことです。

基本点画を書くには指先の絶妙な動きが必要です。

スーッと払う、ぐっとトメる、思い切りハネる、ヒネリを加える。この絶妙な動きが脳に刺激を与えていると言われています。アルファベットにはこのような動きはありません。

このような繊細な動きを子供のころから学んできているから、日本人には器用な人が多いのではないでしょうか。

書道になるとこの動きが大きくなります。

そして、所作も大事になります。

美しい所作は、姿勢・呼吸・間が大事。

子供の頃、「姿勢が悪い！」「ペンを正しく持ちなさい」と先生やご両親に言われたことはありませんでしたか？

私はありました。でもその時は「書ければ姿勢なんてどうでもいいじゃない」と思っていたのです。

しかし、筆跡診断士になって気づきました。

正しい姿勢や持ち方は健康に良く、書道家には長生きの人が多いと。

意外と知られていないことですが、書道は身体によいのです。

その証拠に、歴代の書道家は総じて長生きの傾向があります。


王羲之《おうぎし》（西暦303年－西暦361年）は享年58歳。

欧陽詢《おうようじゅん》（西暦557年－西暦641年）は享年84歳。

虞世南《ぐせいなん》（西暦558年－西暦638年）は享年80歳。

顔真卿《がんしんけい》（西暦709年－西暦785年）は享年76歳。

柳公権《りゅうこうけん》（西暦778年－西暦865年）は享年87歳。


この時代では驚異的な長生きだったと言えます。

現代では、106歳（令和元年12月現在）の現役書家・篠田桃紅《しのだとうこう》さんがいらっしゃいますし、インターネットで「書道家は長生き」と検索すると、100歳を超えてまだ現役で書道教室を開いている方が何名もいらっしゃいます。

なぜ長生きなのでしょうか。

書道は、美意識はもちろん、大変な集中力を必要とします。

そして、体力や気力も意外に必要です。

それらをすべて研ぎ澄ませていると、肉体はもちろん、脳もなかなか衰えないのだと思われます。

その他に、墨をすったり、半紙と文鎮をセットする、筆をとるといった「間」を伴う書道の振る舞いが脳に良いという説もあります。

しかし、書道はすぐにはできないので、私は書道に近い効果が得られる鉛筆でていねいに字を書く**硬筆書写**を勧めています。

5 字を書くのがキライ！という人の意外な傾向

字を気持ちよく書くどころか、字を書くのが嫌い！という方も多くいます。
でも、このような方も**デカ文字を書くことで文字嫌いから解放されます**。

うまく書く方法を知らない

字はお手本を見て真似るところから始まります。

だから、お手本を見ないで書いてしまう人や、書写力がない人の文字はクセ字であることが多いです。

自由すぎる、雑な書き方の人は、周りの人から「読めない」と言われても直し方がわからず、嫌いになる人が多いようです。

デカ文字は自由に書くことができるので、その負担から解放されます。

親御さんや身近な人に習字の先生がいる

親御さんが書道の先生であったり、身内に字の上手い人がいると、周りはうまくて当たり前と思う。

なのに「なぜ書けないの？」と言われたり、咎められたりするのでコンプレックスになって嫌いになる人が多いようです。

デカ文字にはお手法はありません。

自分の文字をブラッシュアップしていくので、**自分の字が好きになれます**。

優等生だったのでできない自分を認められない

本人が優等生であったりすると、より一層プレッシャーが強くなり、「字をうまく書けない私なんかダメだ…」親の期待に応えられないことで、自己肯定感が低くなり、自分の字を書きたくない、見たくないという人が多いです。

このようなタイプの方々は、基本「型にはまらない」自由で個性的であることが多いです。

でも筆跡診断で、今書いている文字の意味、一本一本の線の意味（自分の生き方のクセ）を理解してもらうと、とたんに文字が生き生きと変化してきます。

そして、書き上げた文字を見て「あんなに嫌いだった自分の文字が初めて好きと思えた！」と言ってくれる人が多いです。

大事なのは、自分の魅力を知って自分らしい文字を書くこと。

そうすれば自然にあなたの魅力満載のデカ文字が書けるようになります。

第2章では実際に書いた文字をさらに分析して、生き方のクセが変えるデカ文字を書いていきましょう！

2章
「デカ文字3原則」で人生を変える

1 デカ文字を書く前に

1章でデカ文字を書くメリットはご理解いただけたでしょうか？
実際に書いてみたくなりました？

どんどんデカ文字にチャレンジしてほしいのですが、その前に少しだけデカ文字を書くコツをお伝えします。

デカ文字を書く際、忘れてほしくないのは、

「何のためにデカ文字を書くのか」

ということです。

褒められたくて書くわけではありません。

自己満足のためでもありません。


デカ文字を書く理由は、**今までに経験したことのないスケールの自分になって、生き方のクセを好転させる**こと。


だから、紙という自分の人生のステージの上で思いっきり楽しく動き回る活発な自分をイメージして書いてほしいのです。

実生活の中で「もっと積極的にならないと！」と言われても、どうしたらいいの？となってしまうけど、紙の上ならできそうですよね？

うまく書く必要はありません。

きれいに書く必要もありません。

はみ出しても、線がかぶっても、尻すぼみになっても問題なし！

失敗しても誰も見ていません。

遠慮せず、人の目も気にせず、今までと違う自分に出会うつもりで書いてみましょう。

今までと違う自分に出会うには、「普通こうでしょ」「こう書いたらヘン！」という枠（固定概念）を捨てることです。書いたことがない大きさで字を書くことは、新しいことに挑戦する気持ちと同じです。

とはいえ、書いたことのない文字をサラッと書くのは大変です。

そこでいくつかコツをお教えしますね。

デカ文字を書くときに「しない」3原則

原則1「小さく書かない」
原則2「早く書かない」
原則3「ダメ出ししない」

原則1「小さく書かない」

デカ文字を書くのだから小さく書かないのは当然なのですが、文字の大きさは行動力を表します。。

大きく書くことで恐れていたことがスルッとできる度胸がつきます。

でも、1章でも書いた通り、「大きい」の概念は人それぞれ。

あなたにとって大きい文字でも他の人には「そうでもない」可能性もあります。

固定概念を外して新しい自分に出会いたいなら、自分の感覚の「大きい」ではなく、**誰もが驚く「大きさ」で書いてみてほしい**です。

そんなこと言われたらドキドキしてしまうでしょうか？

深呼吸してゆったりした気持ちで、でも大胆に書きましょう。

天ツマリに書く

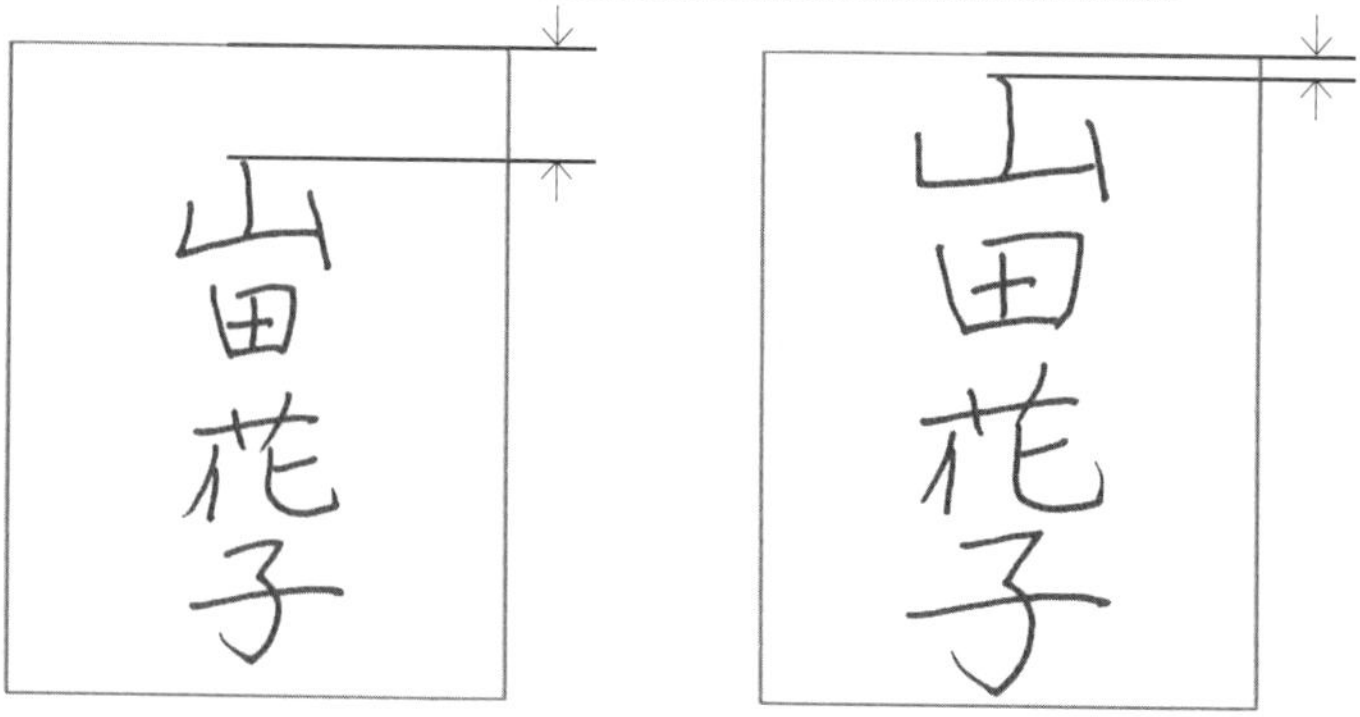

天アキ型
（用心深い）

天ツマリ型
（思ったら即行動）

ゆったりしたデカ文字はその人の雰囲気そのもの。それだけであなたを取り巻く流れが変わり、望む人を引き寄せることができます。

次にデカ文字テクニックを2つお教えします。

・天ツマリに書く

天ツマリとは、書き出しの位置の余白がほとんどない状態のことです。

この余白は、何かを始めようと思ってから開始するまでの「時間」。

思ったらすぐ行動する人の「間」はとても短い（狭い）し、文字が大きい人は「紙が足りない！」と、最初から空間を詰めて天ツマリに書く傾向があります。

一画目をダイナミックに書く

1画目が思い切れないと、他の線も
それに合わせて小さくなる

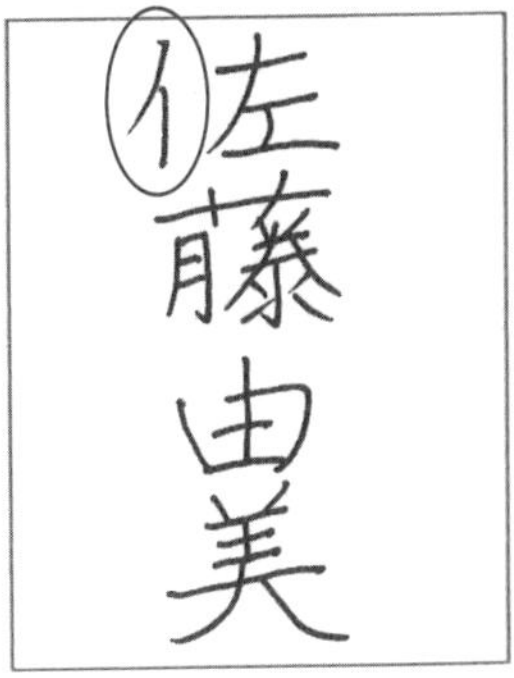

1画目を思い切って書けると、
あとは自然に大きく書ける

すぐ動きだす自分をイメージして、余白（迷っている時間）を取らずに書きだしましょう。

・一画目をダイナミックに書く（勢いをつける）

一画目が思ったより大きく書けないと、バランスを取ろうとして他の部分も小さくなる傾向があります。

度胸をつけるには今までと違う勢いが必要です。感覚的には「あ、ちょっと大きすぎたかな」と思うくらいがちょうどよいです。

思い切って一画目が大きく書けると、あとは自然に大きくなります。

つまり、度胸とは勢いです。

勢いさえつければ、あなたもダイナミックにふるまうことが簡単にできます。

原則2「早く書かない」

字を書くのが嫌いだったり、気持ちが急いていると、どうしても雑に書きがちです。雑に書くから全体の印象が忙しい感じになって、好印象の文字に見えません。

デカ文字はうまく書く必要はありませんが、**ゆっくりていねいに**を心がけてほしいのです。

忙しかったり心がざわついているときは「ていねいに書くってどうやるんだっけ？」と、その感覚さえ忘れていたりしますよね。

そこで、ていねいに印象良く書くためのポイントをお伝えします。

・呼吸を意識

ていねいに字を書けない人は、あわただしく忙しい人や、頭の回転が速く次のことに意識が飛びがちな人に多いです。

呼吸が浅かったり、気持ちが落ち着かずザワザワ・ソワソワしていると、血液や酸素の流れが悪くなって、脳の働きが低下します。

すると、凡ミスをしてしまったり、良い決断や判断ができないことがあります。

そこで、「ハッ、私、今ザワザワしている」と思ったら、思考を切り替えるつもりでまず深呼吸して、呼吸を整えてみてください。

面接やプレゼンテーションなど、大事な場面の前には、呼吸を整えるつもりで、自分の名前をゆっくりていねいに書くと心が落ち着き、良い結果を出しやすくなります。

訪問先の会社の記名帳や訪問カードに自分の名前をていねいなデカ文字で書くと印象が良くなるだけでなく、あなたの心も落ち着きいい仕事ができます。

・筆圧を意識

筆圧は元気の素。

筆圧をかけてのびやかに文字が書けるときは、気持ちが乗っている証拠。

自分の情熱を表現するつもりで筆圧をかけて書きましょう。

逆に気力が低下しているときの筆圧は弱く、線もガタガタになりやすいのです。

とはいえ、馬鹿力をかけて書くということでもありません。

無理やり力を入れて書いた線は妙に力が入るのでなめらかではなく、スムーズな線にはなりません。


筆圧をかけて書けないときは、**文字と言葉に思いを込めて**書いてみてください。


自分の名前を書くなら自分の生き方をイメージしながら書くのです。

何の意味もない線を書いているのではありません。

具体的な書き方のポイントは3章で説明しますが、ダメな自分のことではなく、「こんなに大きく書けるのだから、私はこれからいい方向に変われる！」などと、肯定的なイメージで書くと自然にゆっくりていねいに筆圧をかけて書くことができます。

適度な筆圧で書かれた文字は生き生きとした印象にみえるので、書いた自分も気持ちが良くなるはず！

原則3「ダメ出ししない」

書き終えた文字を見て「ああ、うまく書けなかった」「ここをもっと長く書けばよかった」「やっぱり下手だ」などとダメ出しや粗さがしをしないようにしましょう。

デカ文字レッスンは文字に表れるあなたの良さを伸ばすために書くもの。「気持ちよく書けた」「スッキリした」「この線は滑らかに書けた」など、ポジティブな感覚を持つことが大事です。

書き直しはいくらでもできます。
大切なのは**脳が喜ぶように大きく気持ちよく書く**こと。
人と自分を比べても意味はありません。
デカ文字レッスンは、あなたが元気になって生き方を変えるために書くのです。
落ち込むダメ出しをしては意味がありません。

それより「あれ、なんだか気持ちいいな！」と思えたら新しい自分が顔を出してきたのかもしれません。

誰も書かないようなユニークな書き方をしてみるのも楽しいかも！

・ケチらない

デカ文字レッスンではA4サイズくらいの大きな紙に大きく名前を書くのですが、「紙がもったいない」と小さく書いたり、1枚に小さく何文字も書く人がいます。「紙がもったいない」と考えるその人の感覚がもったいないです。

コピー用紙1枚で自分が変われるとしたら、安いものだと思いませんか？

書道で半紙に文字を書く時は、失敗しないように大事にていねいに書きますよね？

デカ文字レッスンもそれと同じ感覚。

ていねいにゆっくりと大きく書くことで心の安定や平穏、自己肯定感が手に入り、**コピー用紙の値段の何倍もの価値を手に入れる**ことができます！

ただ、もったいない感がぬぐえない方は、いつもきれいな紙に書かなくてかまいません。

新聞紙やチラシ、裏紙などでもＯＫです。

太いマジックなどで大胆に思いきり、自分の存在意義を確認しながら書いてみてください！

・型にはめない

「××さんのように書けない」「普通こんな風に書かない」などと、人と比べたり、今までの常識の範囲で評価をするのもやめましょう。

変わりたいなら、今までと同じことをしていたら変われません。

大変なのは「大きく変わろう」としているから。

今までと違うことをするから新しい自分に出会えるのです。

今までの常識や評価などとらわれず「ゼロベース思考」で考えていきましょう！

2 デカ文字基礎レッスン
～自分の名前を書こう

デカ文字で名前を書く3大メリット

・自己肯定感が上がる

なぜデカ文字レッスンで**名前**を書くと良いのか、それは、自分の名前にはあなたの今の生き方が表れるから。

自分の名前は、最も書く頻度が高く、そして最もあなたが思いを込めて書く文字。

名前を書いているときは無意識のうちに自分のことを考えています。

だから、自分の名前や自分の字が嫌いという人の文字は、小さかったり雑だったりします。

デカ文字で自分の名前が気持ちよく書けると「うまくはないかもしれないけど私の文字はなかなかいいな！」と思えます。

それが長所と短所を含めた自分を受け入れた時なのです。

・度胸がつく

何度か書いていることですが、書いたことがない大きさで文字を書くのは、普段やったことがないことに挑戦する気持ちと同じ。

日常行動ではなかなか思い切った行動をとることができなくても、文字ならちょっと頑張ったら書くことができます。

それができたとき、今までならしり込みしてしていたことがするっとできる度胸がついています！

・行動力がつく

文字の大きさは「行動力」。

成功している人の文字はデカ文字であることが多いです。

「普通こうでしょ」といった感覚ではなく、やりたいことを遠慮なくのびのびと行動に移すから、普通の人ができないことができるようになるのです。

現状を打破したいと思うなら行動力は絶対に必要です。今までに書いたことがないくらいの大きな文字を書いて活発に動く新しい自分に出会ってください。

いよいよデカ文字を書いてみましょう！

【準備するもの】
・コピー用紙か、大きめのノート（B5〜A4サイズ）
・筆記用具（筆圧をかけて書けるボールペンやサインペン）※シャープペンはNG
【ワーク】
・自分の名前を苗字・名前とフルネームで縦書きに、**「できるだけ大きく」**書いてみましょう。

あなたの生き方のクセがわかる⁉ デカ文字診断

デカ文字の簡単な診断方法は1章でもお伝えしましたが、ここではもうちょっと筆跡心理学寄りに見てみましょう。

・苗字と名前のバランスは?

苗字が大きく名前が小さい人は、家族や組織を大事にする優しい人です。でも、つい自分を後回しにして、苦しくなったり気力が落ちたりする傾向もあります。

いつもでないなら、元気がなくて疲弊している状態なのかも。

苗字が小さく名前が大きくなる人は、自分を大事にしている気力・体力が充実している人です。

ご家族とケンカ中で、苗字を書くと怒りがこみ上げる人も苗字が小さくなる傾向があります。

名前が大きくなる
（自分を大事に思えている人）

苗字が大きく名前が小さい
（家族や組織を大事にする人）

・自分を大切に、尻すぼみにならないように

相手を大事に思う気持ちはすばらしいです。

でも、まず自分を大事にしないと疲れてしまい、その気持ちを長続きさせることができません。

できれば名前（あなた個人）は苗字（家族や組織）より大きく書くようにしましょう。

「ずっとよくなっていくぞ！」という末広がりのイメージです。

デカ文字効果を高めるコツ

・筆記用具にこだわってみる

普段、あなたはどんな筆記用具を使って字を書いていますか？

その筆記用具の線の太さはどれくらいですか？


デカ文字レッスンでは、できれば筆圧をかけられる書き心地の良い太書きのボールペンやサインペンをお勧めします。

ベストは、ゆっくり書けて穂先の微妙な動きが脳を刺激する毛筆（筆）ですが、日常的ではないので、私は**書き方鉛筆**と、**筆圧をかけて気持ちよく書けるビニールの柔らかい下敷き**で書くことをお勧めします。

理由はなめらかに気持ちよく書けることと、鉛筆は原始的な筆記用具なので、書いた人の気力が丸わかりだからです。

気力が落ちているときの線は薄く弱弱しく、気力に満ちているときの線はなめらかに濃く書けます。

さらに、鉛筆は芯が均等に減るように意識することで、脳への刺激を促します。

デカ文字レッスンの時は、シャープペンなど筆圧をかけられないものよりも、気持ちよく書ける筆記用具を選んでください。

一般に太書きの筆記用具を選ぶ人は、気力体力が充実している人に多いです。太書きの筆記用具を選ぶ時点で、小さい文字は書かないからです。

デザイン用の細書きペンを選ぶ人は、繊細でち密なものを好む傾向があり、文字も小さい方が多いです。

・姿勢やペンも持ち方も大事！

ペンを持つときには、**親指の腹**を使うことが大事だと言われています。

カナダの脳神経外科医ペンフィールド氏は、親指がほかの指よりも重要であることを「体部位再現」によって検証しました。

運動野においては、ペンフィールドが行った方法と同様に脳を電気刺激し、どの体部位に運動が引き起こされたかを調べる方法で、体部位再現が研究されてきた。ペンフィールドは中心溝の前方の領域に第一次体性感覚野とほぼ並行した体部位再現が存在することを明らかにした。Woolseyらはマカカ属サルの脳に電極を刺入し、電気刺激よって引き起こされた筋肉の収縮を観察し、第一次運動野の体部位再現を明らかにした。これらの実験は、大脳皮質の第一次運動野に身体部位特異性がある事を明らかにした点で重要である。

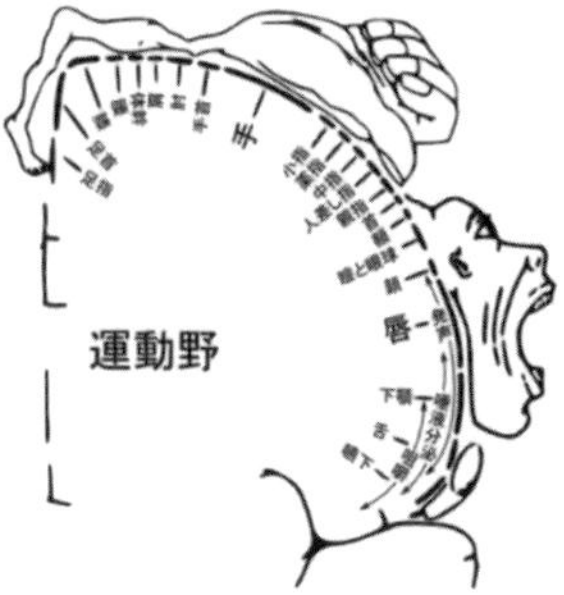

『脳科学大辞典』田岡 三希（独立行政法人理化学研究所 脳科学総合研究センター）

ペンを持つときに親指の腹を使って書くと、大脳の運動野が刺激されています。

脳トレをしているといっても良いかもしれません。

ですから、せっかく手書きをしているのにペンを正しく持たず、親指の腹を使わないで字を書くのは大変もったいない行動であると言えます。

さらに、書く際は小さな字を書くよりも、大きなストロークを使って大きな文字を書いた方が脳への刺激も大きくなります。

以下は正しいペンの持ち方です。

どちらの方法でもやりやすい方法で書いてみてください。

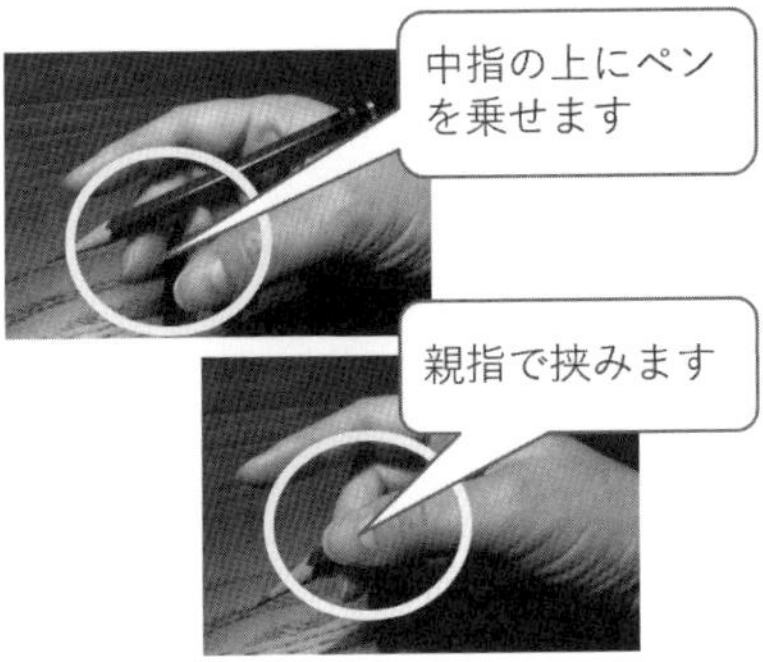

【持ち方1】

①中指の第一関節の前辺りにペンを乗せます。

②親指でペンを挟みます。

③人差し指は添えるだけです。

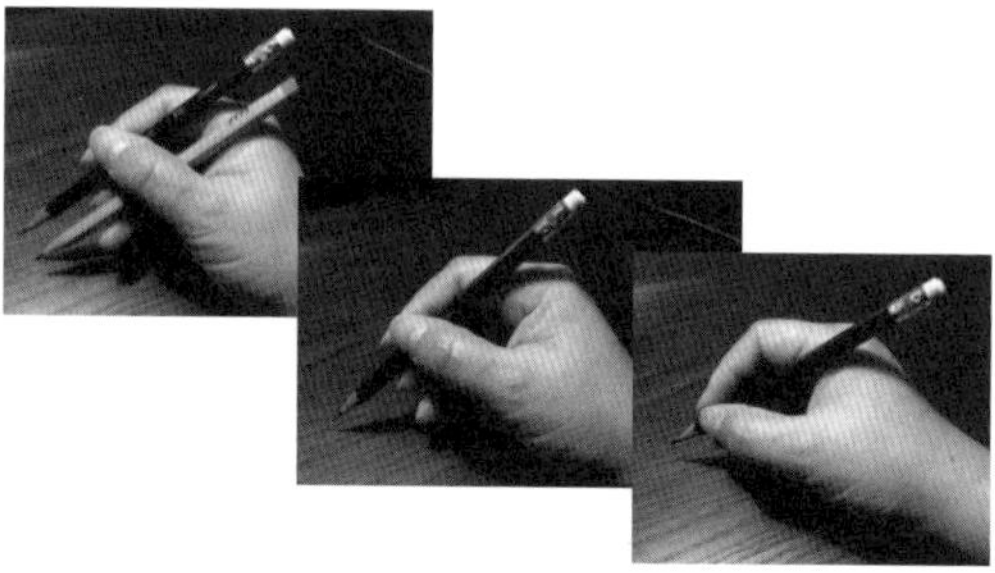

【持ち方2】
①お箸をペンに見立てて普通に持ちます。
②下の1本を抜きます。
③残った方を書きやすいところまで短くします。

・正しい姿勢は身体によい！

正しい持ち方・正しい姿勢で字を書く書道家は長生きだと1章で書きましたが、実際にどんな姿勢が正しいのかわからない方が多いので、この機会にマスターしてくださいね！

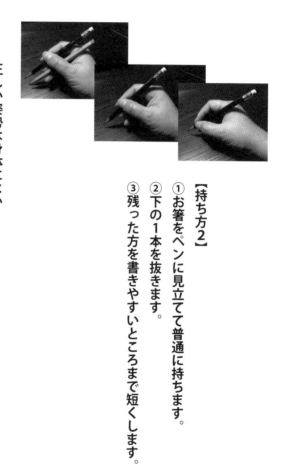

①両方の足の裏をぴったりと床につけて踏ん張る。

地面（床）と自分がつながっていることを感じてください。

②次に丹田（おへその下）を意識してください。

力を入れる必要はありませんが、意識するだけで姿勢が良くなることがわかります。

③机と自分の距離をこぶし一つ分空けて座ります。

④紙を自分の真正面に持ってきます。

⑤右利きの人は左手（左利きの人は右手）で紙を押さえるように手を置きます。

手の位置は、「ハ」の字を書くように机に置きます。

良くない姿勢の例

⑥ペンを持つ手が楽に動くことを感じてください。足の裏・丹田・左手の3点で身体を支えるイメージです。

普段、背骨を曲げて書いていませんか？　腰に負担もかかりますし、呼吸をしても酸素が深いところまで入らず酸欠状態になり、集中力が続かなくなることも。

⑦左手を配置したら、遠くを見るつもりで頭を少し下げます（背中が曲がらないよう注意）

⑧では、鼻から息を吸って口から「はぁ～」と吐いてください。

どうですか？　背筋はちゃんとしているのに、身体の力はいい感じに抜けたでしょう？　この時、肘の角度が閉じすぎているときゅうくつになって、疲れやすくなり、のびのびした線が書きにくくなります。

・「視点」を変える

書き終えたら紙を手に取って目線の高さにあげて、眺めてみてください。

これは文字を客観視する行動です。

机の上に置かれた文字を見る（いつもと同じ目線）のは実は「上から目線」。対して、手に取ったり、壁に貼って遠くから眺めるのは自分を客観視しているのと同じことです。

いつもと違う視点から自分の文字を見てみると、ちょっと違った印象になりませんか？　いつもと視点を変えることで新しい自分を発見しやすくなります。

いかがでしたか？

大きな紙に何度も書いてスッキリできたら、今日の自分を受け入れたということ！

3章では、線一本一本の意味を理解してデカ文字を書くことで、今の自分の生き方のクセを分析・好転させる方法をお伝えします。

3章
文字診断で「思考グセ」を変える

1
「好転デカ文字」7つの成功マインド

「好転デカ文字」とは

ここまでで、文字を大きく書くレッスンをしてデカ文字を書く度胸を身につけていただきました。

デカ文字を書くと、気持ちが大きくなるようなスッキリする感覚、おわかりいただけたでしょうか？

3章では筆跡診断であなたの書きグセを分析します。

今まで何気なく書いていた線の意味がわかると、今のあなたの生き方のクセがわかり、書きグセを変えることで生き方を変えることができます。

そこで、ここからは7つの成功マインドを取り入れた**好転デカ文字**を書いて、生き方をさらに変革・好転させていきましょう！

7つの成功マインドとは、私が今まで約5200人以上の方に行ってきた筆跡診断で見つけた、成功者に共通するポイントをピックアップしたものです。

自分の生き方に加えたい成功マインドを取り入れて書いてください。

ただ書くのではなく、線の意味（生き方の意味）を考えながら書くイメージです。

線の意味が分かると文字は劇的に変化し、「我ながらいい文字になった！」と思えます。

好転デカ文字を気持ちよく書けたら、それは書いた自分を脳が認めていること。

だから、自己肯定感も上がり、雰囲気も変わるのであなたの生き方も、あなたを取り巻く流れも変わります。

成功マインドの取り入れ方

ここから紹介する成功マインドの筆跡特徴を、まず自分の名前や文字に取り入れて書いてみてください。

・すでに自分の書きグセにある成功マインド

あなたはその成功要素を持っているということ。これからはその成功マインドを意識しながら、さらに長所として伸ばしていってください。

・自分の書きグセにない成功マインド

（1）書いてみたら意外とスムーズに書けた

その成功マインドはあなたの潜在能力にあるということです。

意識してその書きグセをとり入れることであなたの意識は顕在化し、すぐにあなたの日常行動が好転していきます。

7つの成功マインド

成功マインド1.「生き方」の原点

タテ線、ヨコ線

成功マインド2. ていねいなクロージングが次につながる

トメ・ハネ

成功マインド3. 元気がないと始まらない

閉空間

成功マインド4. うまくいく人は懐が深く、風通しがよい

接筆・開空間・深い懐

成功マインド5. 感情のコントロールが自由自在

左ハライ・右ハライ

成功マインド6. 自分のリーダーシップスタイルを決める

頭部突出線・右上がり

成功マインド7. 自分の個性を知っている人は強い！

等間隔、ひねり、転折、大字小字、横線左方、線衝突

（2）書いてみたら気持ちが悪かった

その成功マインドは残念ながらあなたは持っていないようです。

でも、「だからダメ」ではありません。潜在意識にないなら、意識して書けばいいのです。それが無意識に書けるようになったころ、あなたの脳にその成功マインドがインストールされています。

成功マインド1

「生き方」の原点：タテ線、ヨコ線

・タテ線は「自分軸」まっすぐスーッと長く書けるのはモチベーションが高い証拠

縦線を長く美しく書ける人はぶれない自分軸を持っている人に多く、結果が出るまで頑張りたい！という気持ちが手を上げさせず、結果スーッと長い縦線が書けると考

迷いがあると短く
ブレた縦線になりがち

迷いがないと縦線は
長くスーッと書ける

えられています。

凛として集中力がある時はスーッと気持ちよく長く書けますが、ザワザワ・不安・緊張・迷いがあると、縦線は曲がったり、線が短くなる傾向があります。

また、ペンの持ち方や姿勢が悪くてもまっすぐに書くことができません。

ペンの持ち方が悪いと筆の運びが悪くなり、それが自分の行動範囲を狭める生き方のクセにつながったり、姿勢が悪く背筋が曲がった状態で机に向かうと呼吸が浅くなり、酸欠状態になって集中力が続かなくなったりします。（61ページ参照）

姿勢やペンの持ち方が美しいと周りから一目置かれ評価も上がりますし、自分の気持ちも整うなら、やらない理由はありませんよね？

横長　縦長　一般的

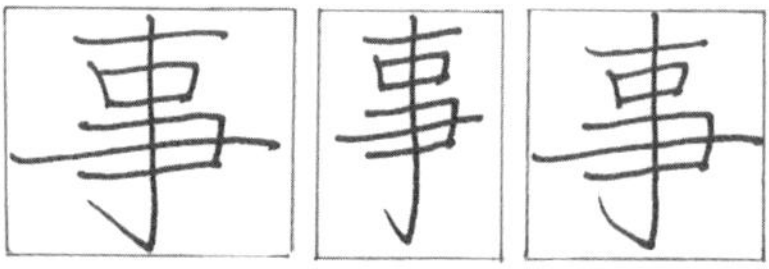

1：1.2　1：0.7　1：1

文字全体の
エネルギー量が違う

・ヨコ線はフットワーク。活発な人の横線は長い

ヨコ線はフットワーク。

活発な自分を感じられるときや、骨惜しみなく動けるときは、ブンっ！と、横移動を大きく書けますが、おとなしくしていたい、動きたくないときはどうしても移動量が少ない短い横線になります。

たかが文字、されど文字で、1本1本線の集合体は、その人の気持ちの状態や雰囲気、エネルギー量が一目瞭然です。

一般に文字の縦横比は1：1。縦長文字は縦：横＝1：0・7くらいで、おとなしく上品な印象に見えます。

一方、横広の文字は、縦：横＝1：1・2くらいのイメージ。スマートではないけれど、元気いっぱい活発に動きまわる印象があります。

成功マインド2

ていねいなクロージングが次につながる：トメ・ハネ

現代人は忙しく「ゆっくり」が苦手で、一つのことにじっくり向かうより、どうしても複数のことを同時進行する傾向があります。

効率的に動くためには必要なことですが、このような時はていねいさに欠けてしまったり、それが続くと、疲れて虚無感に襲われたりします。

そこで、自分の名前や住所を書く時だけでも「今一瞬」を大事にしながら、「一文字入魂」で名前を書くことをお勧めします。

ゆっくり自分の名前を書く行動は「自己対話」、ゆっくり書けば書くほど自分を大事にした時間を取れたことになります。

ゆっくりていねいに字を書くと、紙とペンの摩耗音が聞こえます。

トメが弱い文字　　トメが強い文字

この音が聞こえたら心が落ち着いている証拠。普段、この音聞こえていますか？

なかなか気持ちのいい音なので、意識して聞いてみてください！

・ていねいに生きている人のトメはきっちり

「トメ」は、何でもない物事の終わり。

急いでいると次のことが気になって、つい雑になったり、トメずに抜いてしまう、忙しく行動が早い営業マンなどに多く見られる特徴です。

仕事の終わり、約束の終わりなど、しっかりトメて「終わった」という意識を持つことが大事。

スピーディではないが、結果として信頼される人のトメはしっかりとしていることが多いです。

コラム

横線の法則

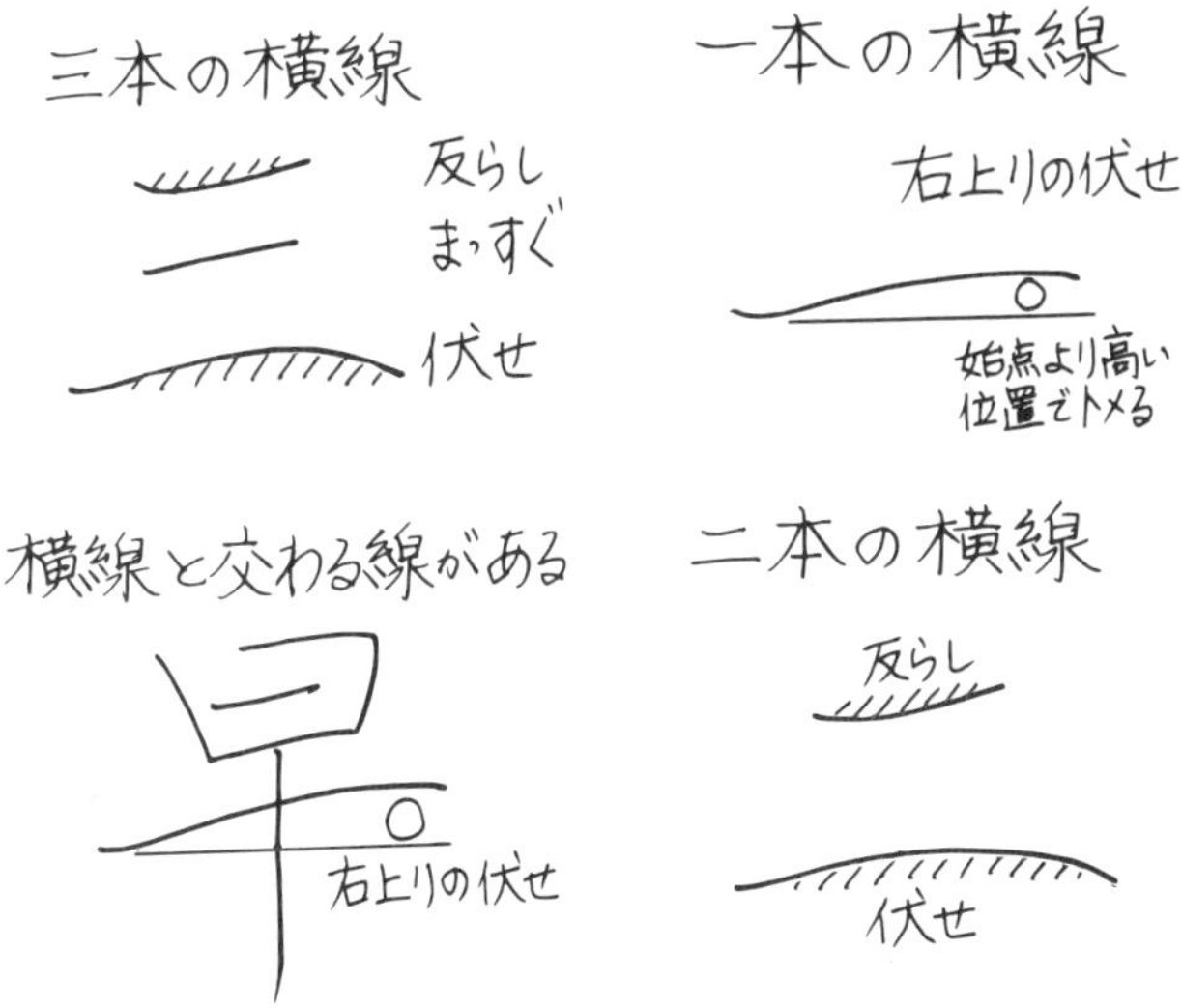

ヨコ線を全て直線で書くと面白みがない。反らし（チャンスや出会いを受け取るお皿）と伏せ（人を雨宿りさせる屋根）、そして絶妙な角度で書いて味のある好転デカ文字に！
（図は拙著『しあわせ美文字レッスン』より「横線を美しい開運文字で書く方法」一部改変）

ハネの強い文字

・粘り強い人のハネは強い！

「ハネ」は、逆境の時の行動（粘り強さや頑張り）を表します。筆跡心理学では物事は上から下に流れると考えられ、ハネはその流れに逆らうものだから、ハネの強い文字には逆境に負けない力強さがあります。

すぐあきらめてしまう執着心の弱い人の文字は、ハネが弱くあっさりした印象。

ハネをしっかり書くには、ハネる前にいったん止まって、気持ちを整え方向を見定めて「えいっ！」とていねいに勢いよくハネます。

ハネる前にいったん止まるのは、決断する前に気持ちを落ち着ける「間」を取るイメージ。

この間をとることで成功のチャンスが一気に高まります。

成功マインド3

元気がないと始まらない：閉空間

・エネルギーに満ちている人の閉空間は大きい

閉空間とは、文字における「口」の部分で、書いた人のエネルギータンクの大きさ。

元気な人の「閉空間」は大きいのです。

一方で、つらいときや弱っているときの閉空間は小さくつぶれがち、つらい時期に書いたノートなどを見ると一目瞭然です。

いつもうまくいく人は、その人自身が元気にあふれていて、人を引き寄せる力を持っていることが多いです。

閉空間が大きい文字

閉空間が小さい文字

元気のない人に人や良い情報は入ってきません。
閉空間を大きく書くと子供っぽい印象になりますが、自分の美意識の範囲で構わないので、いつもの自分の閉空間に10％増しで書くと文字の印象がカラッと明るくなり、その文字を見たあなたも周りの人も元気になれます。

コラム

空間つぶれ

元気のいい人の閉空間は大きい一方で、元気がないと閉空間は小さくなり、空間がつぶれていく人も。

小さいだけでなくつぶれてしまうのは、心身のどこかがつらい状態であることが多いです。

成功マインド4

うまくいく人は懐が深く、風通しがよい：接筆・開空間は包容力

対人関係がうまくいく人とは、鷹揚で人を受け入れ許せる人。

「そんなこともあるよね」「気にしない！」「それいいね！」「大丈夫だよ！」と言った口癖のある人のイメージ。こんなタイプの人にはたくさんの出会いやチャンスが舞い込み、人やモノの流れが変わります。

一方、何かをするときにまず疑ったり、「でも」「だって」「どうせ」「～だから～できない」など、警戒心が強く、否定・批判・批評から入る人は、たとえそれが事実であっても、人が近寄りにくくなります。

言葉は言霊、その人の生き方のクセ。文字と同じ脳からの指令によるもの。

文字にもその傾向は表れています。

接筆

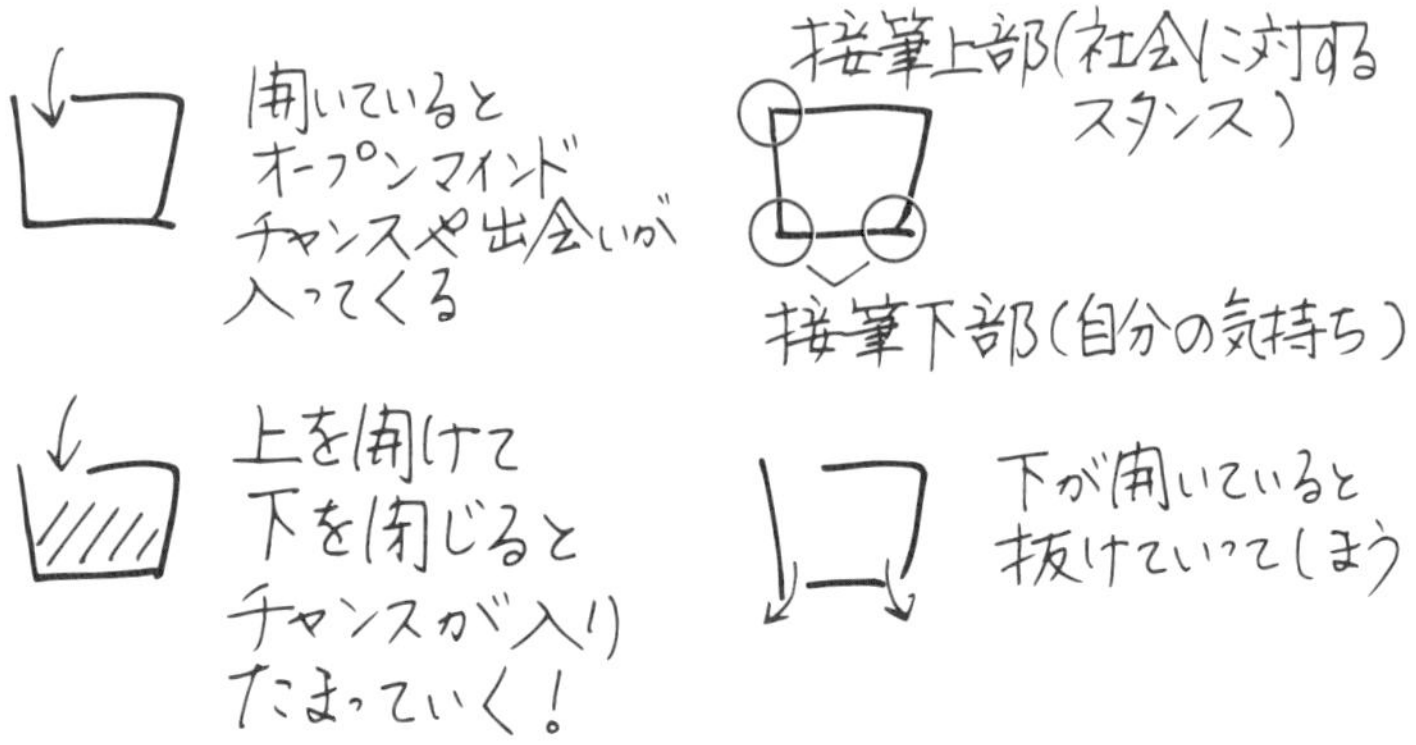
開いていると
オープンマインド
チャンスや出会いが
入ってくる
接筆上部(社会に対するスタンス)
接筆下部(自分の気持ち)
上を開けて
下を閉じると
チャンスが入り
たまっていく！
下が開いていると
抜けていってしまう

・接筆が開いている人は、オープンマインドでチャンスに恵まれる

接筆とは、「口」という字の線が接するところ。上（接筆上部）に1か所、下（接筆下部）に2か所あります。

接筆上部が開いているのは心の扉が開いているイメージで、オープンマインドで融通が利くタイプに多く、閉じているのはまじめなタイプに多い。

接筆下部は自分の気持ちを表し、左側が開いていると、物事の途中で気が抜ける人。右側が空いている人は最後の詰めが甘い人と言われています。

成功マインド3で説明した閉空間を大きく、接筆は上部を開けて下を閉じると、元気いっぱいのエネルギータンクの中に出会いやチャンスが入ってきてたまっていくと考えられています。

開空間

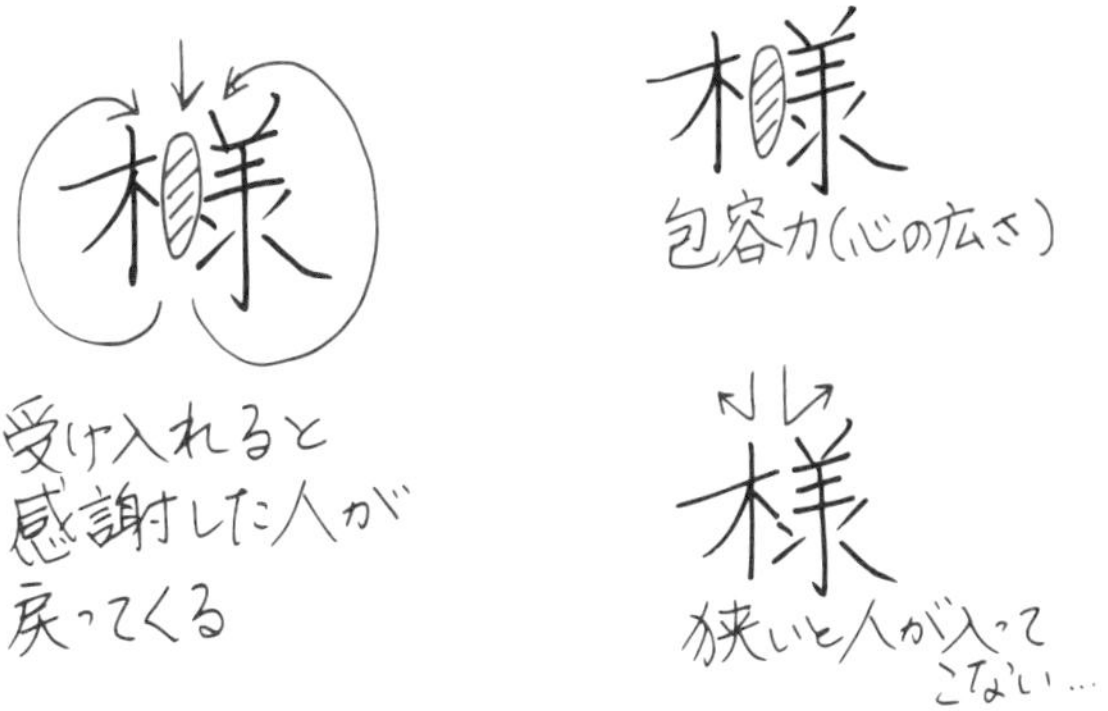
包容力（心の広さ）
受け入れると感謝した人が戻ってくる
狭いと人が入ってこない…

・開空間は、書いた人の心の広さ

開空間とは、ヘンとツクリの間のことで人を受け入れる気持ちを意識した「心のポケット」。部下や友人から「相談があるのだけど」と言われたときに受け止めるあなたの懐です。

ヘンとツクリを開けて書くと、間が抜けたような感じがしてカッコ良い文字にはなりません。しかし、この特徴はえびす顔の人のように、スマートではないけれど、いつもにこにこして人を受け入れてくれる開運の文字。

広く書けない人は、「文字はきゅっとカッコよく書くべき」と、自分なりの美学や倫理観を強く持っている職人気質の人に多い。

美学や倫理も大事ですが、人を受け入れないと入ってくる情報も限られてしまう。一人でできることは限られているし、人と協力し合わなければ、先に進むことはできません。
他の文字はともかく、自分の名前にヘンとツクリがあればそこだけでも広めに「私は心に余裕がある」と思いながら書いてみてください。

コラム

懐の深い人の文字

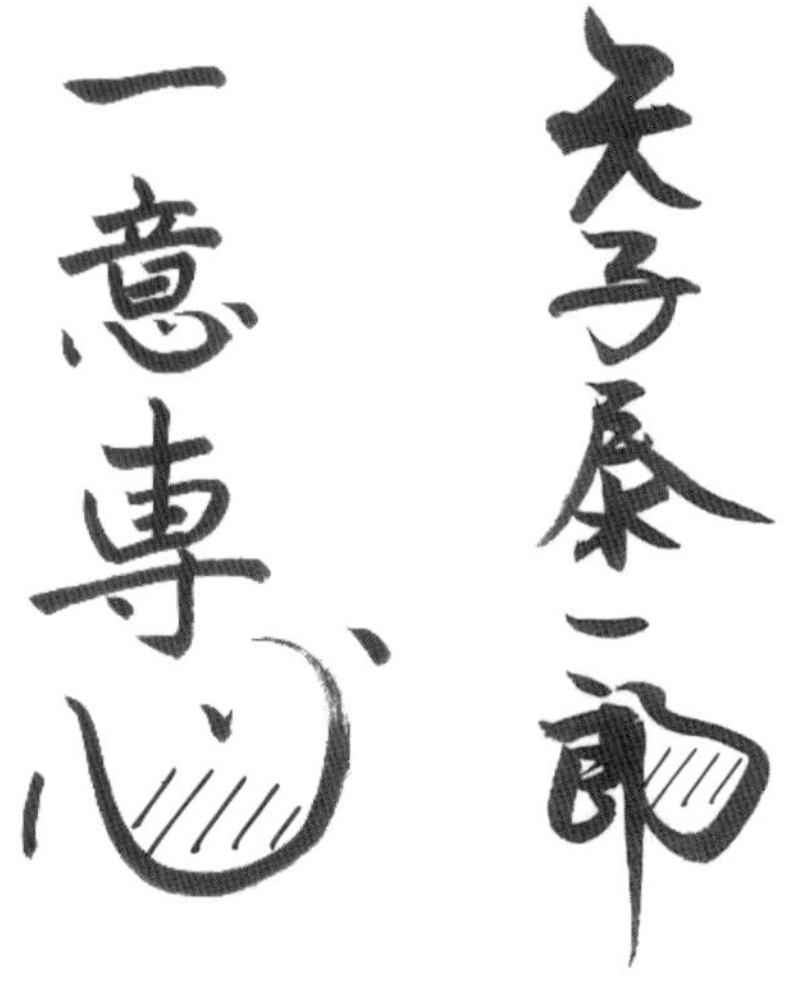

閉空間、接筆、開空間に加え、さらに文字の中に突出した大きな懐を持った人は大人物である傾向が。

成功マインド5

感情のコントロールが自由自在：左・右ハライ

タテ線（自分軸）とヨコ線（フットワーク）が生き方の原点だとすれば、ハライは感情を表す線です。

書いてみるとなるほどと思う意味が込められていて、今の自分はどうするべきか迷うときに意識して書くと自分の変化を感じやすい線です。

・左ハライをていねいに書くとストレスをためずモテモテに！

左ハライは文字の最終画になることがほとんどないため、つい雑に書きがちな線。そこに書き手の心理が表れます。

左ハライはスーッと払うことで身体の力を抜くリラックス線。

そして、長くていねいに書けるほど、気配り上手で華やかで目立つことが好きなモ

左ハライはストレス線

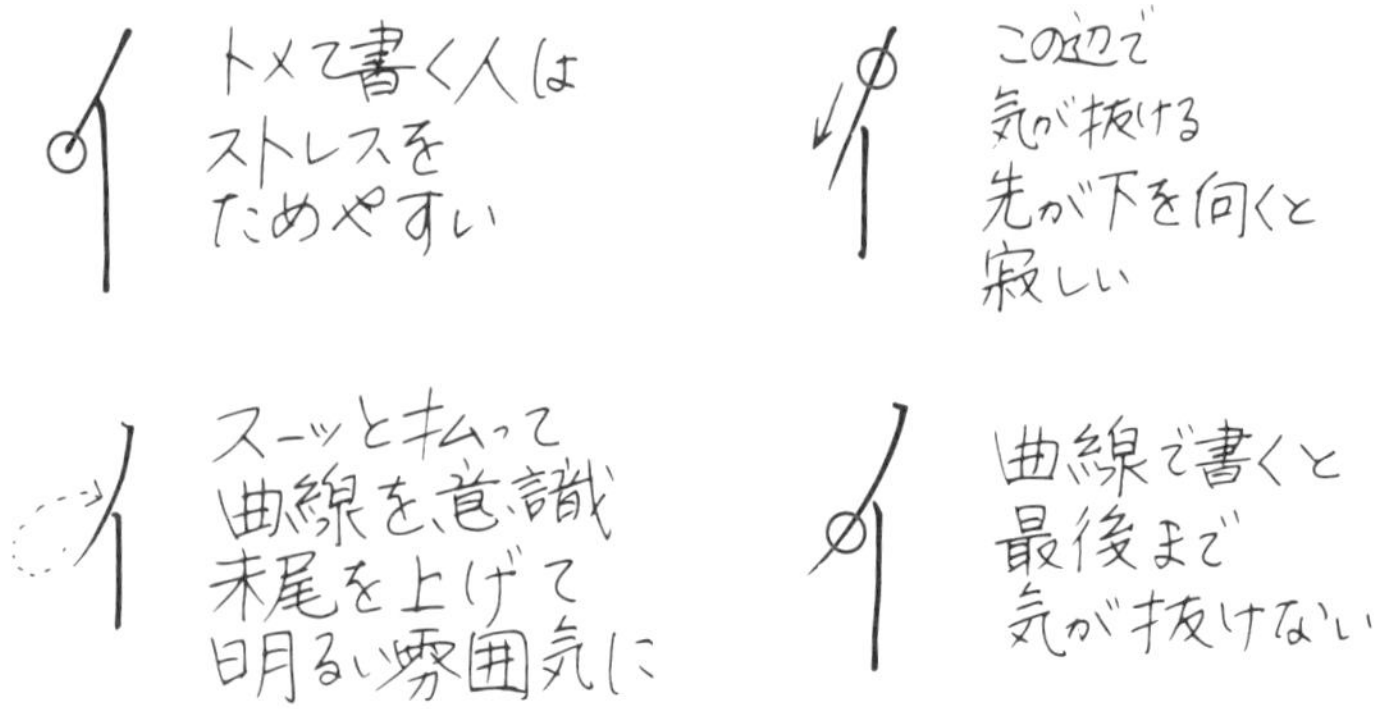
トメて書く人は
ストレスを
ためやすい
この辺で
気が抜ける
先が下を向くと
寂しい
スーッと払って
曲線を意識
末尾を上げて
明るい雰囲気に
曲線で書くと
最後まで
気が抜けない

テ文字。

左ハライをスーッと払えずグッとトメてしまう人は、我慢してストレスをためやすい人。まずはリラックスして気持ちよく払い、できるなら曲線を意識しましょう。

曲線に書こうとすると最後まで気を抜けません。つまり、周りに目配り気配りができる人。

そして、払いの先を「次につながる」と少しだけ上に向けて書くと、明るく華やかな左払いに。

気配りができて明るくて、自分もリラックスできる、そんな文字が書ける人がモテないはずがありません！

右ハライは情緒線

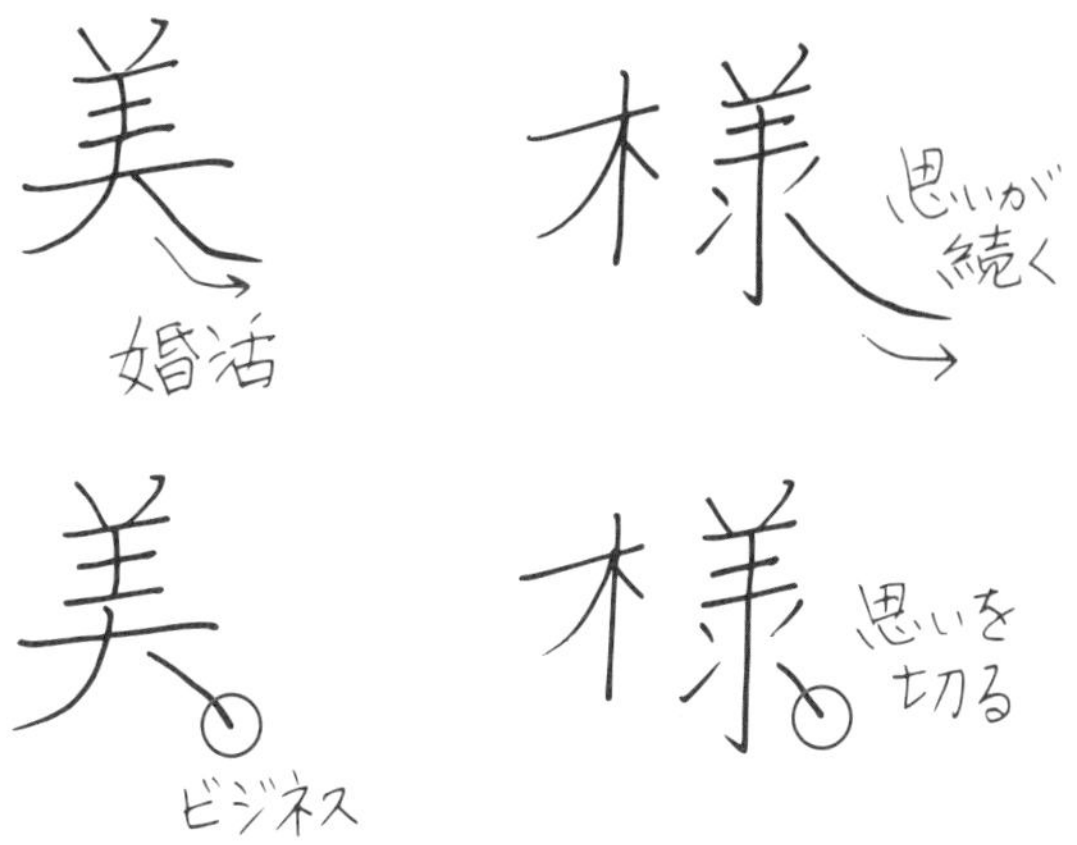

・右ハライは情緒線

右ハライは、左ハライと反対に最終画になることが多い線。

だから、長く書こうとするといつまでも書けてしまう、つまりそれがあなたの情緒の余韻。

長く書く人は感情の余韻を楽しむように優しく細やかなタイプ。

一筋に思い続けることができる人ですが、心が弱くなると感情を引きずってつらくなることも。

例えば失恋した相手を忘れられないとか、つらい気持ちを割り切ることができない時は、あえて短く書いたり、途中で「これで終わり！」と、スーッと抜かずトメるのがおススメです。

ビジネスで成功したいなら短めに、婚活しているときは長めに（相手を思う）書くとうまくいきやすいです。

コラム

華やかな人の文字

散開点型　　左ハライ長型

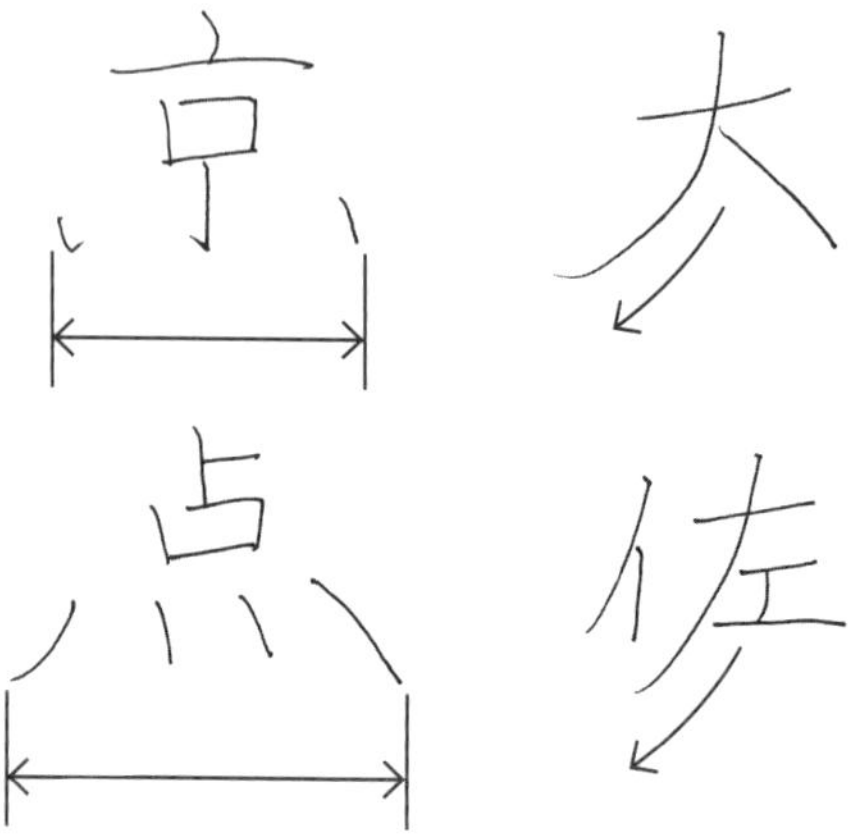

左払いを極端に長く書いたり、点と点の距離を空けると文字は全体の大きさが変わり、華やかな雰囲気になることから、左払いが長い文字を「左ハライ長型」、点と点の距離があることを「散開点型」と呼び、目立つことや華やかなことを好む人に多い特徴とされています。

成功マインド6
自分のリーダーシップスタイルを決める：頭部突出線

ある程度の年齢になると、自分はどのようなスタンスで生きていくべきか悩む時期があります。

女性は「自分が先に立たなくても」「トラブルにならないように」「争いたくない」という気持ちが先に立ち、遠慮がちなスタンスを取る人が多いです。

でも、そのスタイルは本当にあなたに合っているのでしょうか？

親や友人から言われた自分の印象が正しいと思っていませんか？

本当はどうしたいのか、書いてみると自分の本音がわかったりします。

・頭部突出線では自分のリーダーシップスタイルがわかる

頭部突出線とは、ヨコ線から上に伸びるタテ線のこと。ヨコ線は地面を表し、そこ

頭部突出線はリーダーシップ線

責任ある立場の人は
長めに書くと良い

から上に伸びたい自分のイメージと言われています。リーダーシップのある人はこの線が長く、協調性のある人は短いと言われており、一般的に女性は短い人が多いです。

あなたが会社や家庭で責任ある立場なら、ぜひこの線を長く書いてみてほしい。すべての線を長く書かなくても良いので、自分の名前の大事なポイントになるところ一か所でOKです。

例えば、私は自分の苗字「林」を書く時は、左の木は短く、右の木の頭部突出線を長く書いて、協調性とリーダーシップ両方を表現することにしています。

最初は書きにくいかもしれません。

でも、ぜひ意識して習慣にしてほしいです。

あなたがこれを無意識に書けるようになったら、

右上がりの字には勢いがある

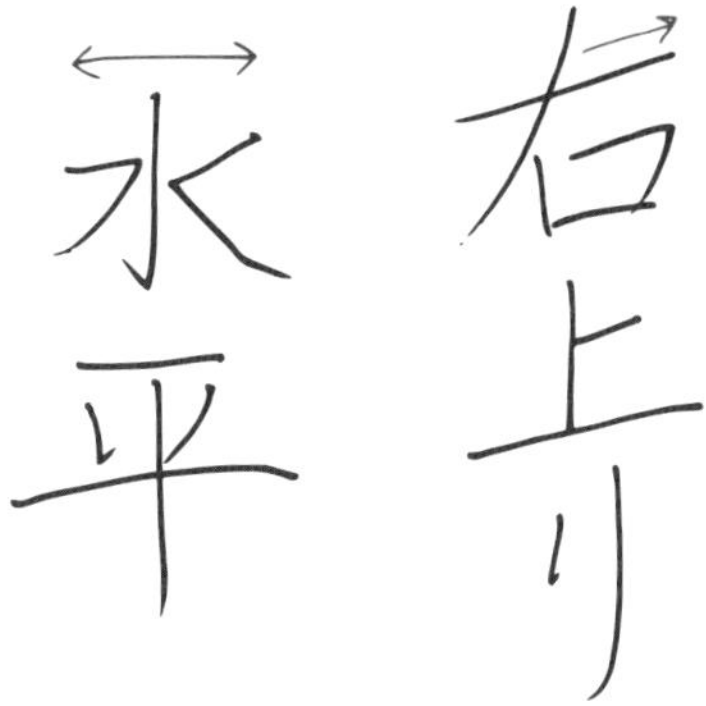

今まで悶々としていたことがするっとできたり、自然に皆を引っ張ってスムーズにとりまとめができるようになっています。

あなたの行動が変われば、周りの人はあなたを見直すでしょう。

ただし、どの線も長くしすぎると自己顕示欲の強い人と思われることもあるのでご注意を！

・右上がりで自分に勢いをつける

文字の横線の角度が右上がりか、水平かで、あなたの生き方のスタンスがわかります。

・右上がり＝一本気で前向きな人。保守的な面も。
・水平＝クールで淡々としたタイプ。感情をあまり出さない。

女性は水平型が多いです。

少しだけ右上がりを意識して書くと文字に勢いがついて元気な印象になります。

「どっちでもいい」ではなく、はっきり主張できる人になるのはちょっと怖いかもしれませんが、試してみると、あなたを頼る人が増えてきます。

コラム

右下がり

右下がりは、斜に構えたところがある評論家タイプ。

右下がりはおススメしない書き方です。

斜に構えた人のところに前向きな人は集まらないからです。

成功マインド7

自分の個性を知る人は強い：等間隔、転折、大字小字、横線左方

個性に良し悪しはありませんが、個性的な文字は印象深く相手の記憶に残り、この上ないあなたの強みになります。

しかし、心が整っていない状態の個性は「我が強い面倒くさい人」と言われかねません。

自分の個性がわかったら、強みに変えるためにどうすればいいか考えてみると良いですね。

目指すのは型にはまった美文字より、のびのび書かれたユニークで味のあるデカ文字！

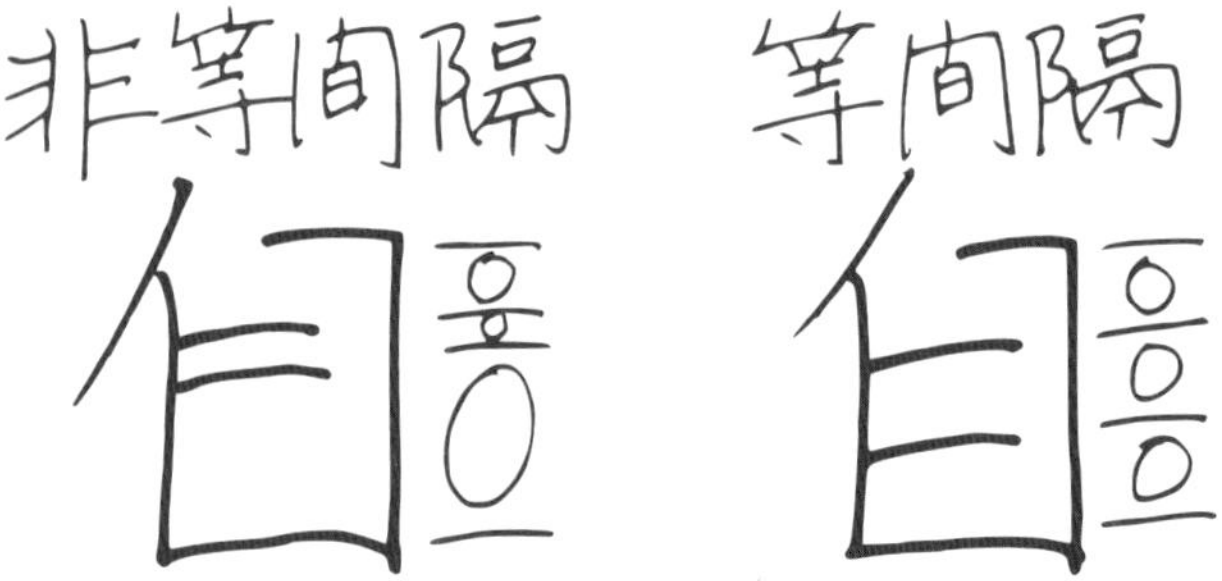

・気分が今一つ乗らないときは等間隔を意識して

平行する線の間隔が等間隔であるかどうかで、その人の気持ちの平穏度がわかります。

・等間隔＝器用で論理的。気持ちも平穏に保ちやすい。

・非等間隔＝感性が敏感な芸術家肌。気分の上下が激しい。

等間隔が良くて非等間隔が悪いということではありませんが、気分が今一つで仕事に身が入らないときは、意識して等間隔に書くと気持ちを平穏に保つことができます。

自分が書いたリズムのある等間隔の線を見ると落ち着くからです。

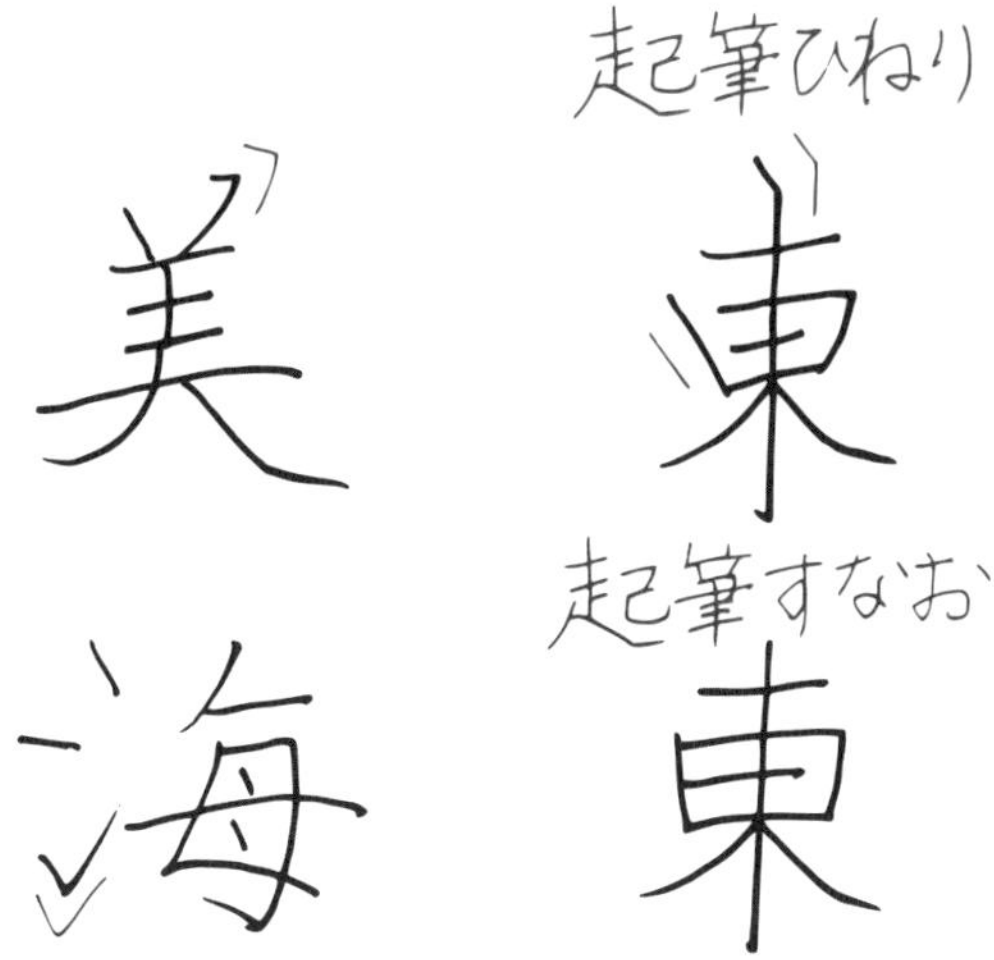

・起筆をひねって自分を忘れず

起筆とは文字の書きだしのこと。

・起筆ひねり＝書き出しにひねりを入れる書き方で、自分なりの考えを持っている人。

・起筆＝文字通り素直な性格だが、周りに振り回されやすい面も。

一般に素直さは美徳と言われますが、素直な人は、心が弱くなると優柔不断になり、つらくなることも。そんなときは自分の強さを示す意味も込めて、ひねりを入れて書いてみる。これも頭部突出線同様、自分の名前のひねりやすいところに1～2か所入れると良いです。

ひねりを入れるには力が必要です。

その際、「これは譲れない！」と思いを込めて書くと文字に力強さが出て力が湧いてきます。

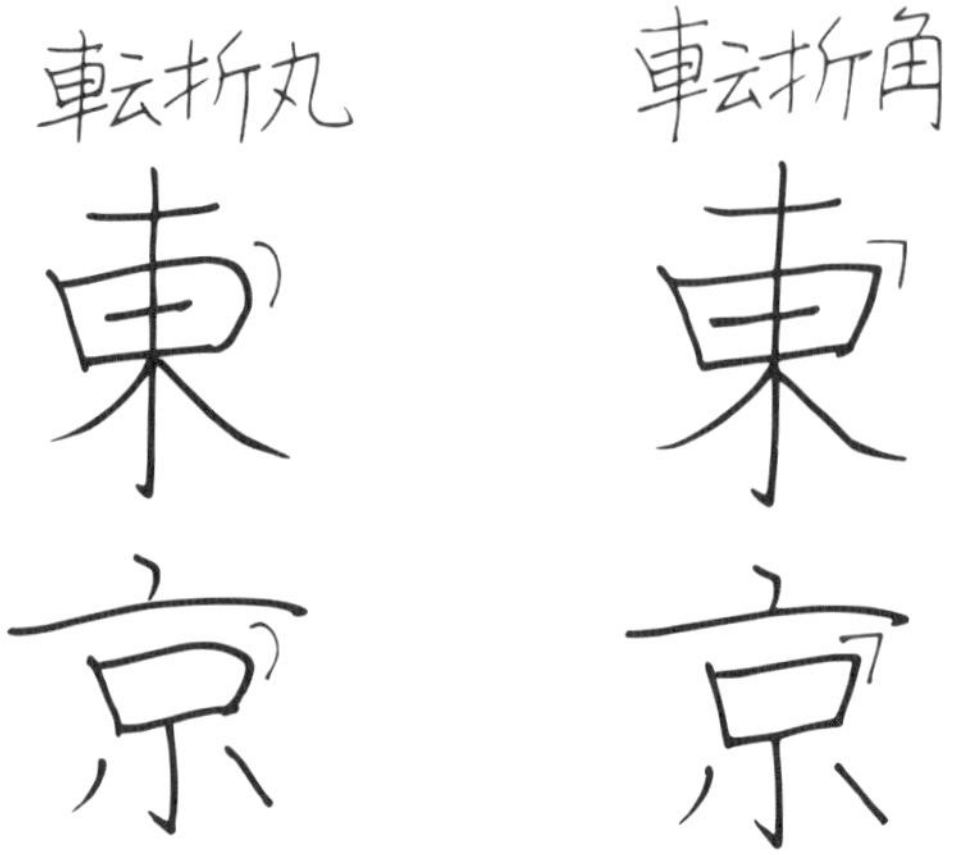

・転折　クリエイティブか、オーソドックスを好むか

転折とは、「口」の2画目の曲がりの部分です。

・角型＝伝統やルールを大事にするタイプ。

・丸型＝クリエイティブで明るい性格。

これもどれが良くてということではありませんが、一般に、角型の人は経理の仕事など、丸型の人はデザイナーなどクリエイティブな職業の人が多いです。

今、自分がどうするべきか、例えば「もっと頭を柔らかくしたら？」と言われる人は丸型を、「基本に忠実に！」と言われる人は角型を取り入れてみましょう。

転折は文字の印象を大きく変えるところなので、変えることで自分の生き方（雰囲気）を変えられます。

普段は丸型だけど、結婚式の芳名帳は角型になるのは、公式な場ではきちんとしないといけないという気持ちの表れです。

コラム

特殊角型（変わった曲がり方）

独特の持ち味を持ったタイプ。

能力やスキルの高い低いに関わらず、ユニークな人に多い。

・大字小字混合型　平凡さを嫌う

一般に文字は均等の大きさに書く人が多いのですが、大小のアクセントをつけて書きたがる人は、平凡さを嫌い、波乱万丈な生き方を好みます。

松下幸之助氏など、偉大な経営者にも多い大人物の筆跡特徴。

大字小字混合型

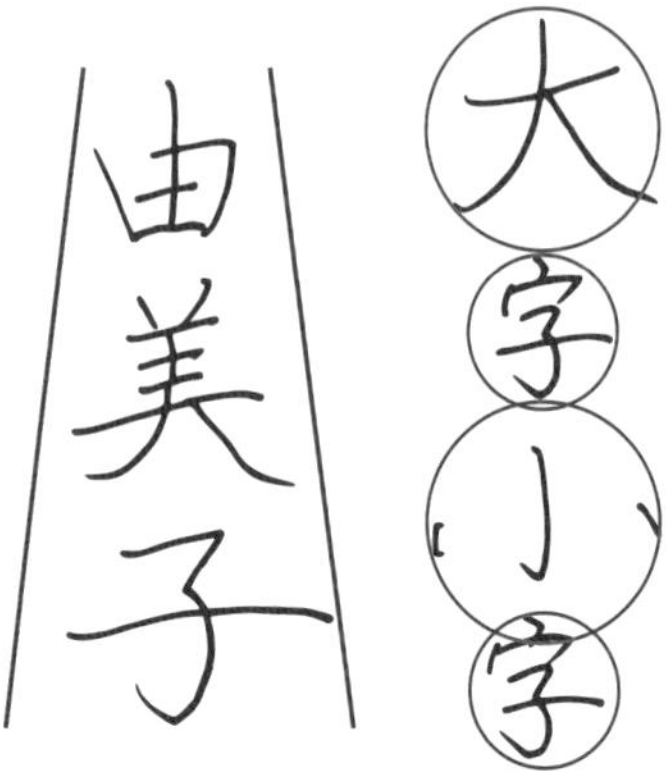

横線左方長突出型

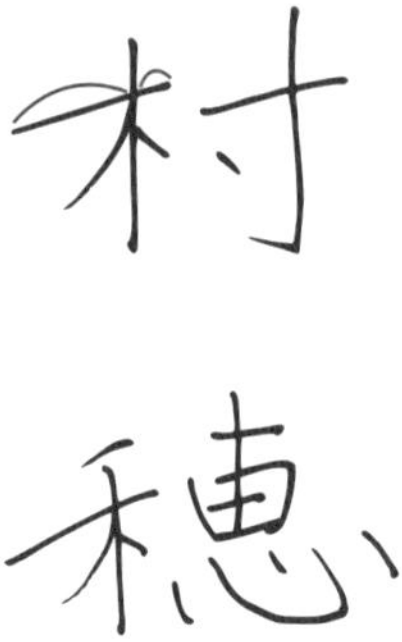

ただし、自分の名前を書く場合は、最後の文字が一番大きくならなければいけません。尻すぼみ型にならないことがポイントです。

・横線左方長突出　黙っていても認められる

横線左方長突出とは、「木ヘン」のように横線の次に縦線が来る文字で、左にぐっと突き出たヨコ線のこと。

見るからに華やかでただものではない雰囲気。

一般に横線の次の縦線は均等な位置に書かれることが多いのですが、左にぐっと出る書き方はほとばしる才能や、魅力の表れ。会議などで最後に意見を求められたりするような、多くを語らずとも認められやすい人です。聖徳太子（厩戸皇子）の文字にもこの特徴があったと言われています。

横線左方長突出型

線衝突型

・線衝突型：諸刃の剣の筆跡特徴

線衝突型とは、書いた線がぶつかる書き方のこと。デカ文字を書くようになると、紙が足りなくなったり線がぶつかりそうになりますが、その時、あなたはどんな風に書きますか？

・線が衝突する＝線衝突型の人は、自分がこうだと思ったことを実現するうえで、多少のトラブルがあっても平気な勢いのある人。スーパーセールスマンや創業経営者に多いです。しかし、線の衝突は人との衝突。勢いと度胸があるので、トラブルを起こしやすい人でもあります。自分が今、新規開拓や攻める時期ならこの特徴は悪くありません。人が怖気づくようなことも平気でできてしまうので、大成することがあります。

しかし、周りとの融和を図りたい時期なら、線

線衝突型

はぶつからないように書いた方が良いでしょう。

・線が衝突しない＝デカ文字を書いても線が衝突しない人は、人との衝突を避けるタイプ。トラブルにはなりにくいですが、我慢しすぎて自分にストレスをかけないようにすることも大事です。

2 タイプ別デカ文字の実例

みんなちがってみんないい。
同じデカ文字でも性格によってこんなに違う！

前向きなリーダータイプ

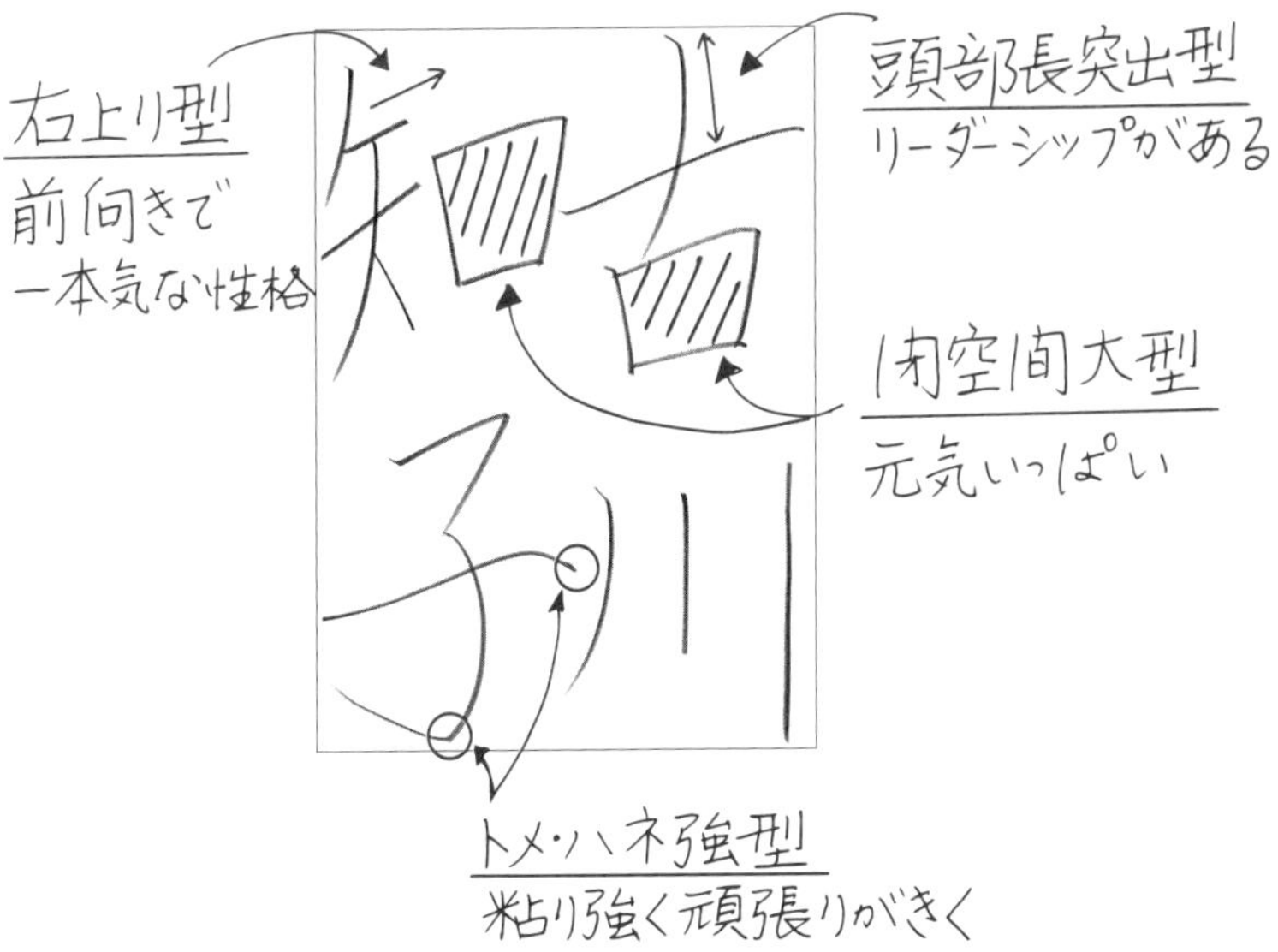
右上り型
前向きで
一本気な性格
頭部長突出型
リーダーシップがある
閉空間大型
元気いっぱい
トメ・ハネ強型
粘り強く頑張りがきく

前向きなリーダータイプ

女性にしては強い右上がりと強いハネは、前向きで一本気な逆境に負けない頑張り屋さん。

閉空間が大きく伸びやかなことから、元気いっぱいで生き生きしたリーダータイプであることがわかります。

みんなの悩みを聞くタイプ

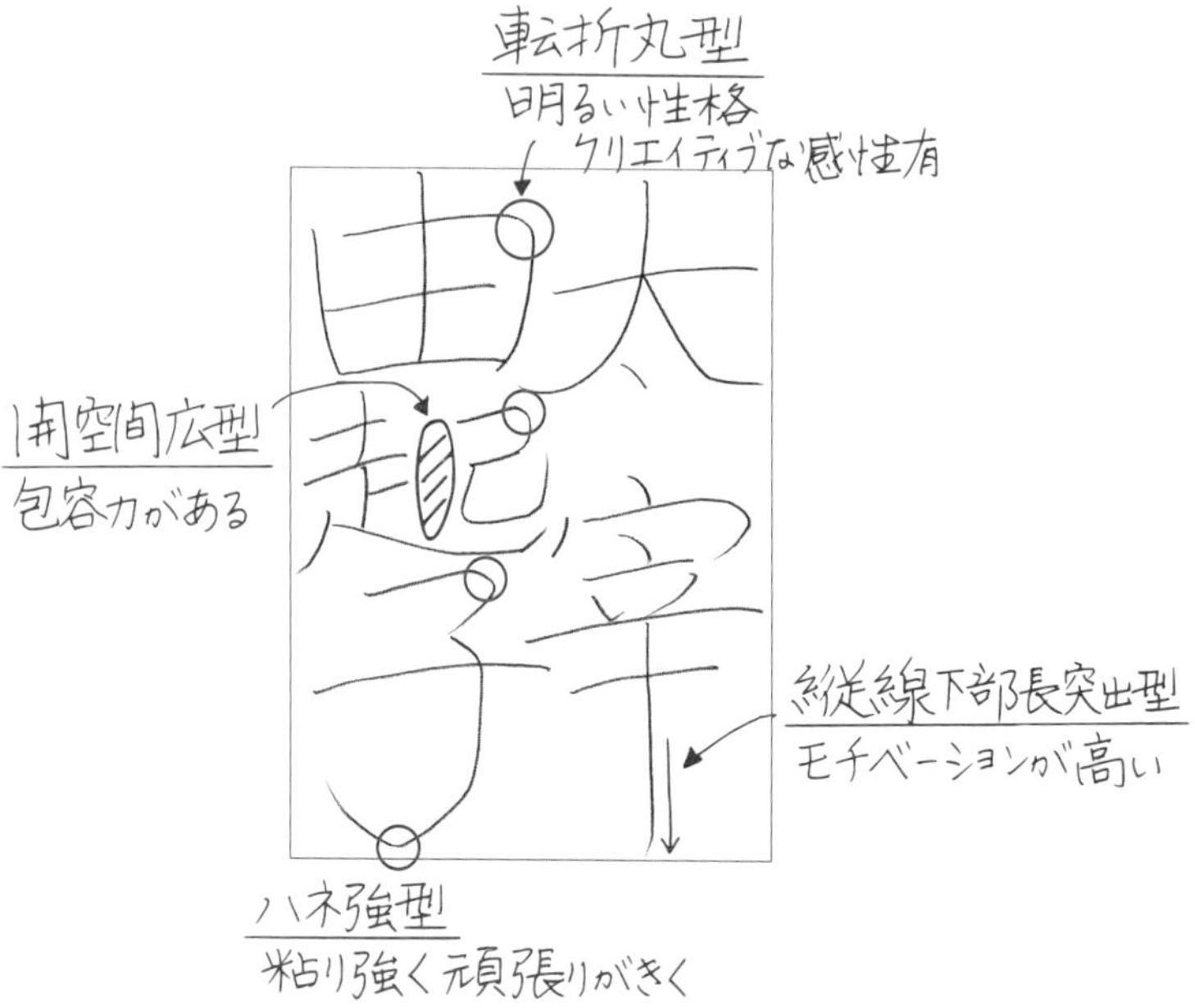

転折丸型
明るい性格
クリエイティブな感性有
開空間広型
包容力がある
縦線下部長突出型
モチベーションが高い
ハネ強型
粘り強く頑張りがきく

みんなの悩みを聞く係

全体的に丸っこくとがった線がないことから、明るく包み込むようなタイプと分かります。

これだけ大きな文字を書いても開空間が取れることから、人を受け入れベストな結果を出そうとするマネジメントが向いた人です。

素直で活発なタイプ

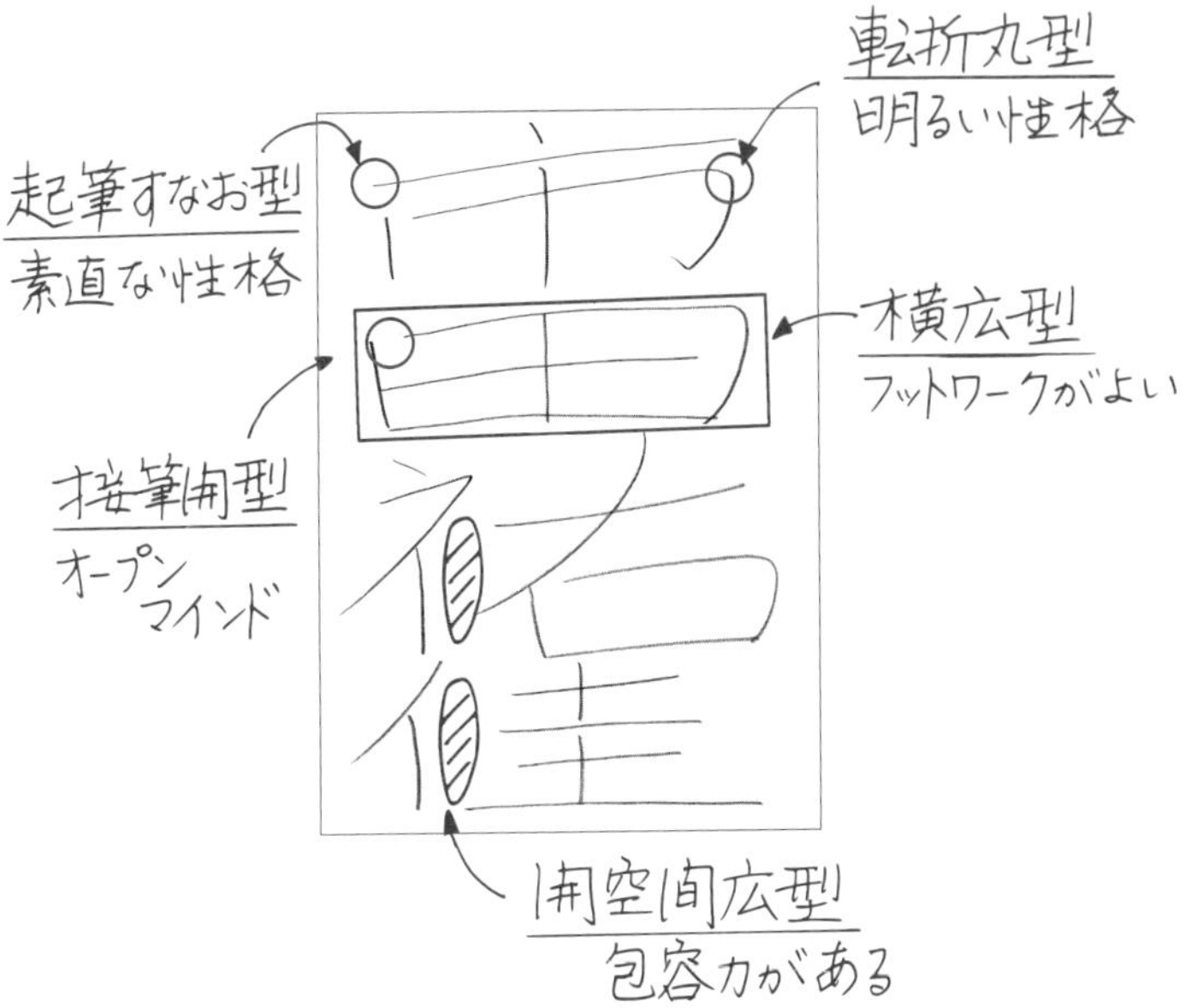
転折丸型
明るい性格
起筆すなお型
素直な性格
横広型
フットワークがよい
接筆開型
オープンマインド
開空間広型
包容力がある

素直で活発なタイプ

この方の特徴は横線の長さ（横広型）、そして全体的に丸みのあるクセのない文字。

「ふ〜ん、おもしろそう！」「やっちゃおうよ！」と、明るく活発に人を巻き込むことがうまい方です。

優等生タイプ

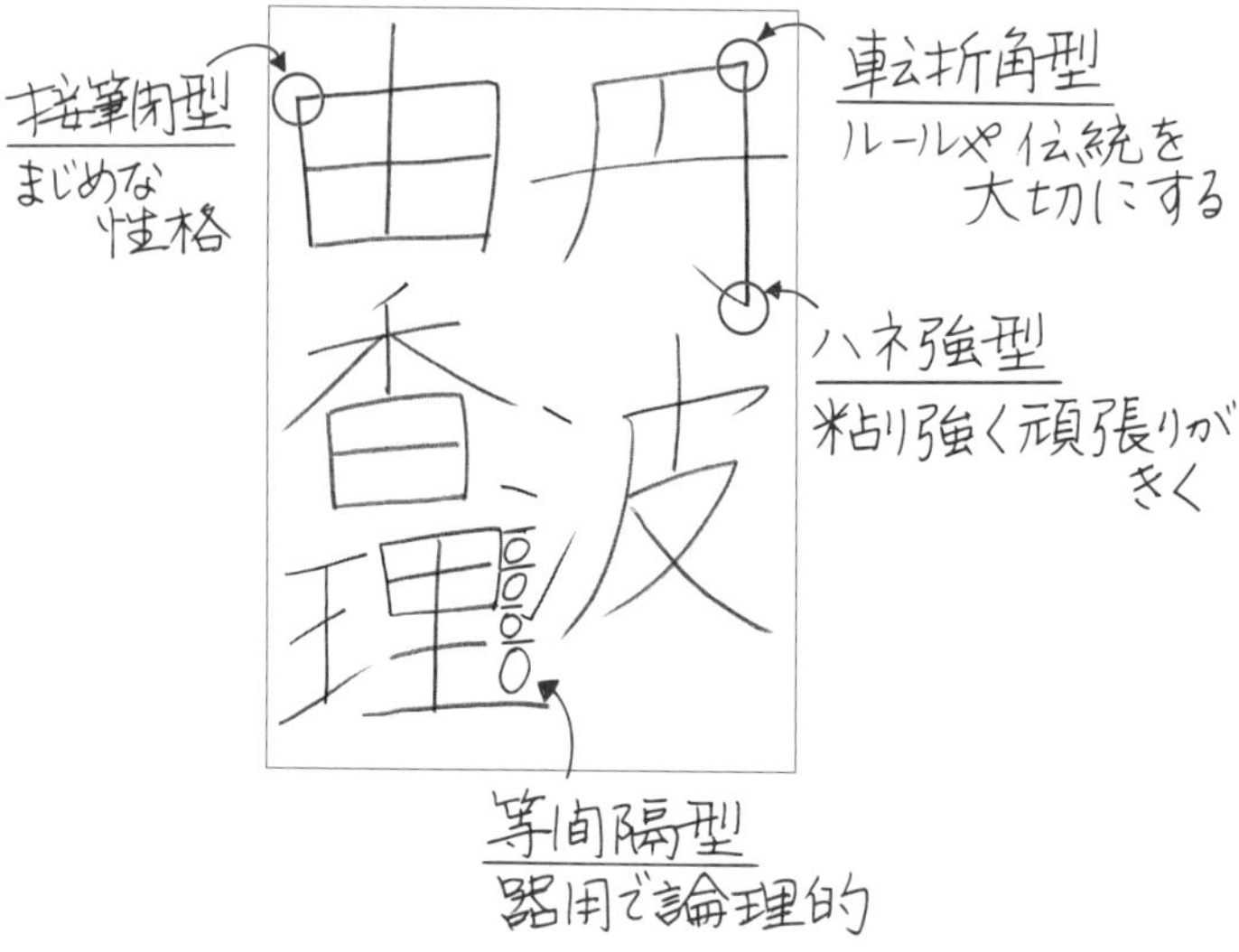

接筆閉型
まじめな性格
転折角型
ルールや伝統を大切にする
ハネ強型
粘り強く頑張りがきく
等間隔型
器用で論理的

優等生タイプ

きっちりとどの文字もていねいに書かれていることから、まじめできちんとした人と分かります。

いつも淡々と同じ結果を出すことができる、安心して仕事を頼めるタイプの方です。

繊細な芸術家タイプ

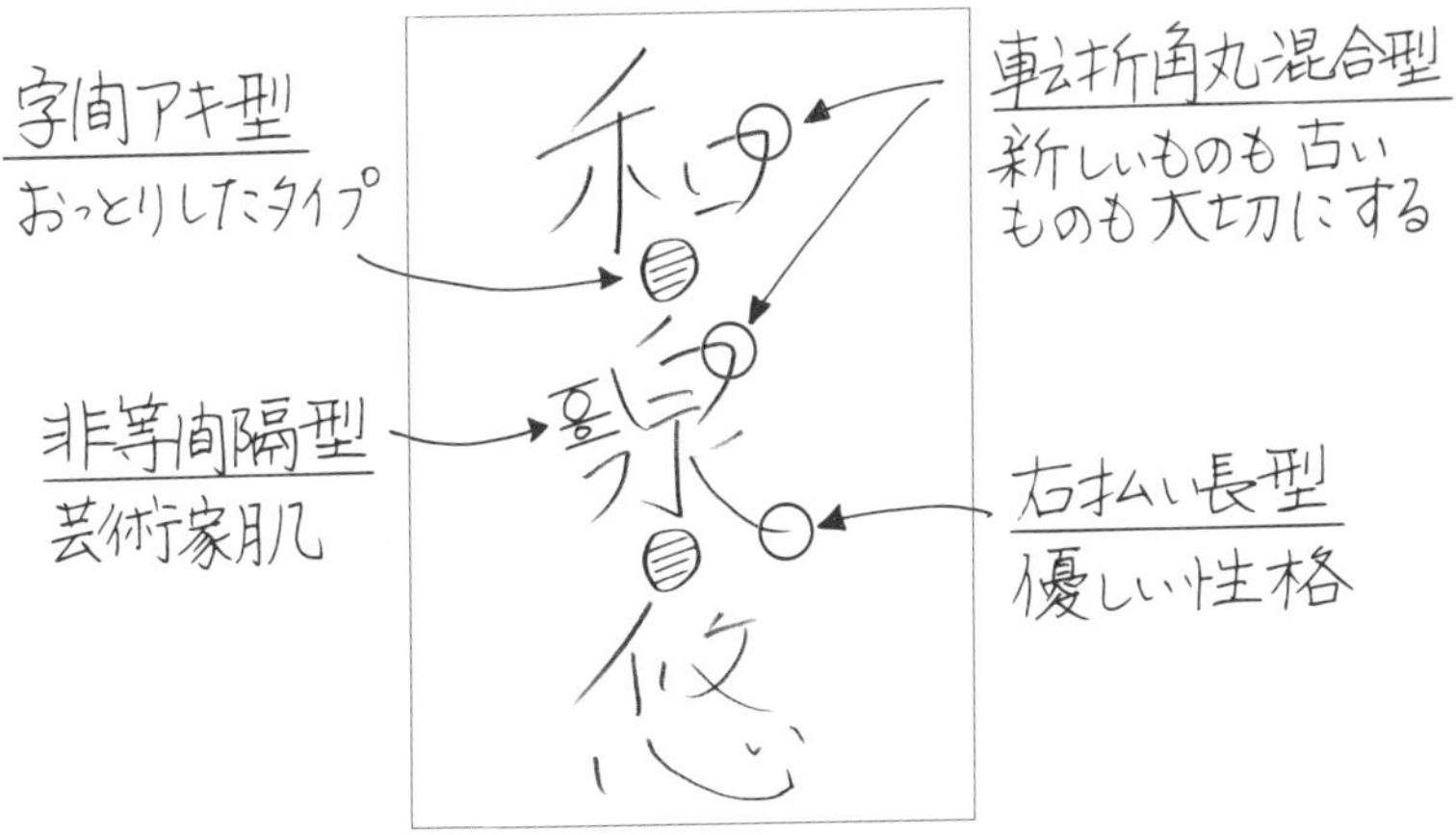
字間アキ型
おっとりしたタイプ
非等間隔型
芸術家肌
転折角丸混合型
新しいものも古いものも大切にする
右払い長型
優しい性格

繊細さを持つ芸術家タイプ

これを書いたのは30代の優秀なＳＥ（男性）です。

ＩＴ系の方は堅苦しい人が多いように思われがちですが、意外と繊細で優しいタイプが多いです。

だからこそユーザーインターフェースの良いものを作れるのでしょうね。

4章
「デカ文字セラピー」で心を整える

1 デカ文字セラピーとは

いくらすばらしい魅力や才能を持っていても、心が良い状態でないと、その能力を十分に発揮することができません。

でも、生きていると毎日いろいろなことが起こります。

「なんで今日に限ってこんなトラブル続きなの？」という日は心が落ち着かず、正しい分析や決断ができなくなったり、ステキなオファーが来ても気持ちが沈んでいると、本意ではないのに、つい断ってしまったり、本当ならできることが、心が良い状態でなかっただけでチャンスを逃していたらもったいないですよね。

特に、責任のある立場の人なら、一つの判断ミスが後で大きな影響を及ぼすこともあります。

そこで、4章ではどんな心理状態であっても、**たった一文字漢字をデカ文字で書くだけで、すぐにあなたをベストな状態にするデカ文字セラピー**をお教えします。

1章、2章でデカ文字を書くと気分が良くなる感覚を味わっていただきました。3章では、筆跡心理学の観点から文字を構成する線一本一本の意味をお伝えし、自分の生き方のクセを分析しました。普段、何気なく書いている線に意味があったとわかり驚かれたのではないでしょうか？

実は文字にはもう一つ大事な役割があります。

それは、漢字には意味があって、私たちはその文字を書く時、無意識にその意味を考えながら書いている、つまり**「言霊」を書いている**のです。

私たちはただ字を書いているのではなく、文字に自分の思いを乗せて書いているのです。

だから受験生やスポーツ選手は試験や試合前に「必勝！」と書いて自分を鼓舞した

り、大好きな人の名前を書くだけでドキドキしたり、または「死ね」「殺す」などと書けと言われると、それだけで体が緊張します。

これもすべて脳からの指令による反応のひとつです。

デカ文字セラピーは、そのような身体の反射を利用して、あなたの**脳が心地よくなる文字を書いて、心身の状態を整える**というものです。

『デカ文字セラピー』のやり方

【準備するもの】

・コピー用紙を3~5枚程度。または、大きめのノート(B5~A4サイズ)

・筆記用具(筆圧をかけて書けるボールペンやサインペン)※シャープペンはNG

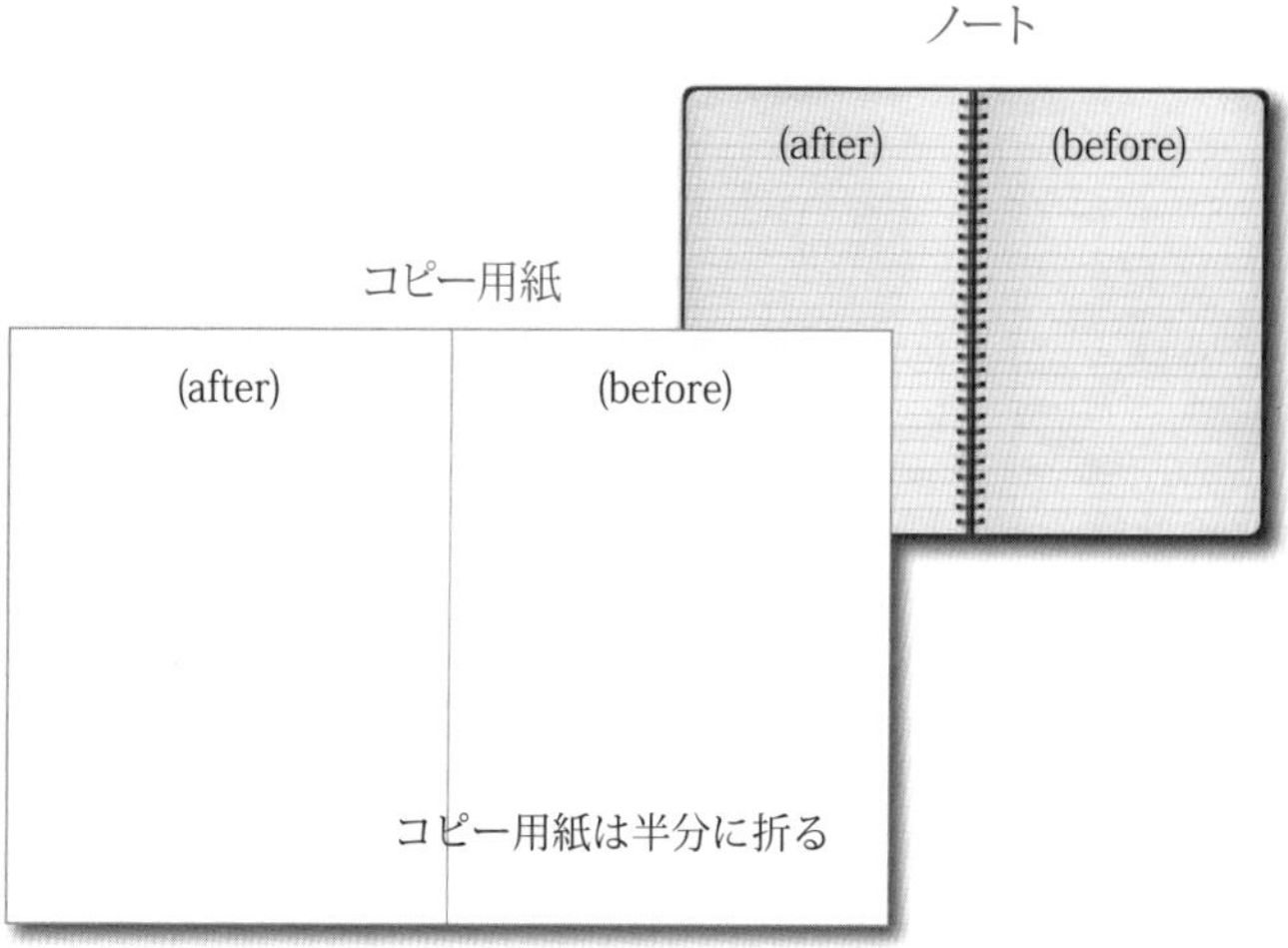
ノート
(after)
(before)
コピー用紙
(after)
(before)
コピー用紙は半分に折る

【やり方】

1．コピー用紙を横置きにして半分に折ってください。ノートなら見開きページを用意してください。

2．次の①～⑦からあなたが望む漢字を選び、紙の右エリア（before）に1文字だけ書きます。

①心がドキドキ・ザワザワしちゃうときに呼吸を整える文字

「息」

何を始めるときに呼吸が整っていることは大事です。

しかし、緊張を強いられたり、想定外のことが起きると呼吸が浅くなり、脳が酸欠状態に。

すると集中力が切れて思考回路も鈍くなり、正しい決断ができなかったり、チャンスを逃してしまったりします。なにより酸素不足は体にも良くありません。

どんなことが起きても焦らず心が落ち着いていたら、できる範囲での最善策も見つかり、うまくいくことが増えます。

それはあなたの自信につながります。

今のあなたの呼吸はどうでしょう?

②夢をあきらめてしまいそうなときの文字

「景」

面白そうなことにはすぐに飛びついて始めてみるけど、飽きっぽくて長続きしたことがない。

安直すぎる性格のせい？

一つも自慢できるものがないなんて、私ってダメ人間なのかな。

どうしたら挫折しないで続けられるのでしょう。


大丈夫です。

目線を「今」ではなく「未来」に向けるクセをつけましょう。

心の持久力と先を見る目を養えば、きっと今までと違う自分に出会えるはず！

③イライラが止まらないときの文字

「丸」

怒りが湧いてきくるときとは、

「売り言葉に買い言葉で、つい、言いすぎてしまう」

「ひどいことを言われても言い返せず怒りが抜けない」

「一度カッとなると、怒りが止まらなくなる」

などなど、様々なシチュエーションがありますが、いずれにしても気分は良くないですよね。


怒りの沸点が低い瞬間湯沸し器さんや、言いたいことが言えず怒りやストレスをためがちな方の心を平穏にする文字がこれです。

④夢や目標に向かって邁進したいときの文字

「叶」

「将来は起業したい」「お金をためて海外留学したい」「ステキな人を見つけて結婚したい」といった夢や目標がある人とない人とでは、生き方に大きな違いが出てきます。毎日のやりがいや張り合いも違ったものになります。

進むべき道があると、そこに行こうと努力するだけで脳が活性化し、ワクワク、ドキドキと楽しく過ごせます。

でも頑張っているのにうまくいかず、前に進めない日もありますよね。

「どうしてダメなんだろう?」と思った日にこの字を書いてみると、進めない理由がきっとわかります。

⑤今までの固定概念から抜け出したいときの文字

「飛」

「目上の人から認められた」「〝やってみろ〟と責任あるポジションを与えられた」「ステキな人に出会った。あんな人になりたい」。

こんなことが起きると、期待と不安が入り混じったなんともいえないワクワク感があります。

これは、あなたが次のステージに飛び立つために吹いてきた新しい風です。

でも、この風に乗ってうまく飛び立つには、古巣に区切りをつけ、新しい世界に移る覚悟を持たなければいけません。

区切りのないままダラダラ走っていると、飛ぶ前に転落……なんてことになりかねません。うまく飛ぶための助走のつけ方をこの字が教えてくれます。

⑥周囲への感謝の気持ちが湧いたときの文字

「賛」

「自分に気遣いしてくれた人に温かさを感じた」「見返りを求めず動いてくれる友人がいる」「目標を達成できたとき、両親の顔が浮かんだ」。

感謝は自分の心が冷えて凝り固まっているときは、頭に浮かばないものです。でも、感謝の気持ちがじわっと湧いてくると、心がなんともいえない温かいもので満たされます。

つらくて大変なときなのに人に感謝できるのは、心が温まって次に進める、解決できる準備ができた証拠です。

心は、冷えて固くなっていると、やる気と体力を奪います。心を温めてくれたお礼を、大きな感謝にして周囲の人にお返しするつもりで書きましょう。

⑦新しい挑戦をしたいときの文字

「有」

何かに挑戦しようというときって「人生をステージアップしたい」、「このままで終わりたくない」と前向きに思うとき。でも、気が付けば同じステージ、相変わらず自信がないし…という状態になっていることありませんか?

数年前まで実力が同じくらいだった友人は、今では追いつけないところにいる。私は何がいけなかったんだろう?

新しいことへの挑戦には失敗はつきもの。大事なのは、失敗や停滞期の心の持ちよう。「やっぱり私には無理」「私は何もできない」「私はあの人のような能力がない」と、できない言い訳をして、自分を正当化して進むことをあきらめちゃっていませんか?

苦しい時にもあきらめずに前進できる、心の在り方教えます!

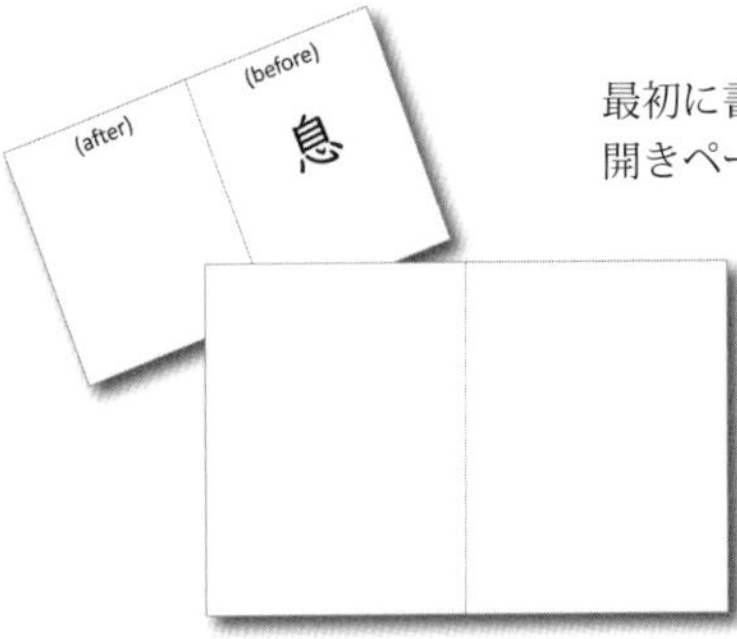

最初に書いたのとは別の紙（見開きページ）で練習してみる

・好きな文字を選んで構いませんが、あなたが今、もし、疲れていたり心がざらついているなら、①から順番に書いてみてください。順番に書くうちに心が良い状態に整っていきます。

・1つのエリアに1文字しか書かないので、なるべく大きく書いてみましょう。

3. 書いた文字の【ポイントと解説】（122ページ以下）を読んで、意味や書き方のコツを理解したら、別の紙（ページ）に練習してみてください。

・練習も1枠に1文字だけ、**(1)ゆっくり・ていねいに、(2)大きく、(3)力強く**書いてください。

※字を書いている時間は、自分の心と向き合っている時間です。(1)いつもよりゆっくりとていねいに書くことで呼吸が深くなり、平穏な気持ちを取り戻せます。(2)大きな字が書けると度胸と行動力がつき、

結果を出しやすくなります。⑶力強さはあなたのエネルギーそのもの。力強い字が書けると気力がみなぎってきます。

・字の上手下手は関係ありません！　のびのびと楽しんで自分らしさを表現してください。

・ただ字を書くのではなく、文字の意味をよく噛み砕いて意味や書き方のコツを考えながら、自分の生き方を表現するつもりで書いてください。

※たとえば、「強」という字を、細い線で小さく書いたら全然強そうに見えませんよね？　文字の持つ意味を感じながら書くと、その思いが手を通してあなたの脳にインストールされます。

・何枚書いてもかまいません。「楽しい」「気持ちいい」「うまく書けた」と思うまで書いてみてください。

4．感覚がつかめたら、1の紙やノートの左エリア（after）に、練習の成果を書いてみましょう。

beforeエリアを紙などで覆って見えないようにする

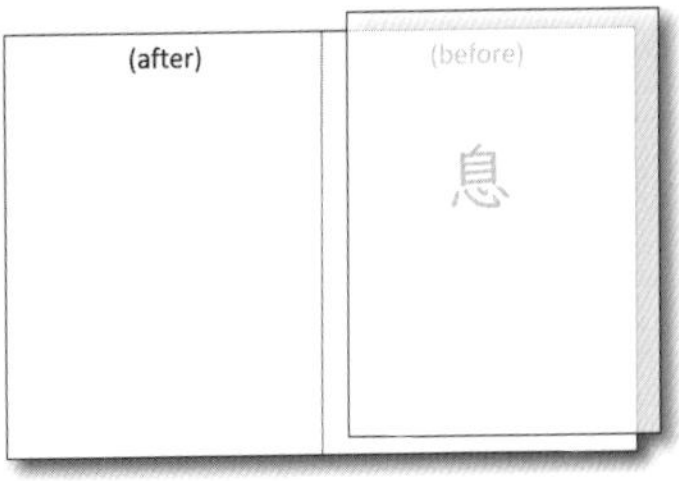

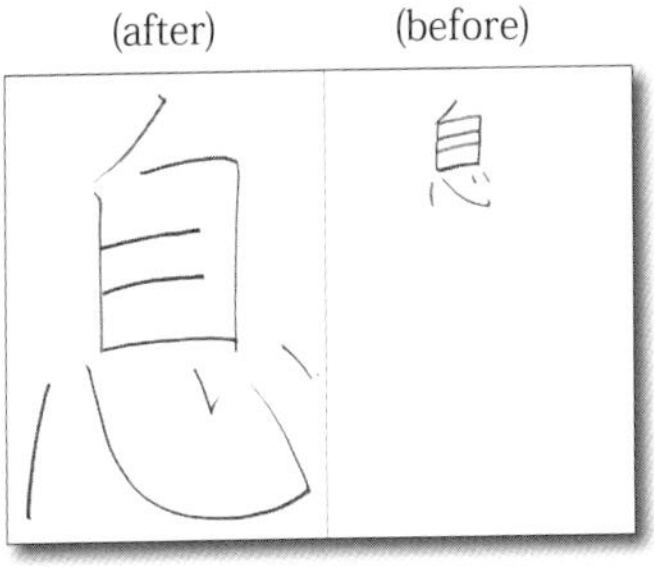

afterの文字の大きさだけでなく、線の太さや伸びやかさもチェックする

・その時、右エリア（before）を隠して書くと、新しいイメージの文字を書きやすくなります。

5．書き終えたらbefore/afterを比べてみましょう。

・字の上手さではなく、線の濃さや伸びやかさ、気持ちよく書けたかが大事なポイントです。

・できれば紙を目線の高さにあげて、または壁に貼って遠くから見比べてみてください。

※afterが楽しく気持ちよく書けて、線が生き生きとしていたら、それは脳がＯＫを出している証拠。あなたの心は整っています。

ポイントと解説

①心がドキドキ・ザワザワしちゃうとき呼吸を整えてくれる文字

「息」

【「息」には、平常心を保つ力があります】

「息」には、「息をする」「生きる」「休む」という意味があります。「息」の「自」は鼻で、「心」は心臓を表し、心臓から鼻に抜けるのが「息」なので、鼻には心の状態が出るといわれています。

「息」を書くときは、ゆったりした気持ちで丹田（たんでん）※に意識を集中させて、腹式呼吸を心がけましょう。すると自律神経のバランスが整います。自分のバランスが整えば、相手と息を合わせることもできますよね。

書き方のコツは、「自」の横線の間隔。ここが等間隔に書けたら、心は平穏で論理力も問題のない状態です。そうでない人は、ゆっくり等間隔になるよう書いてみてください。等間隔に書かれた文字は安定感があるので、それを見るだけで安心感が生まれ

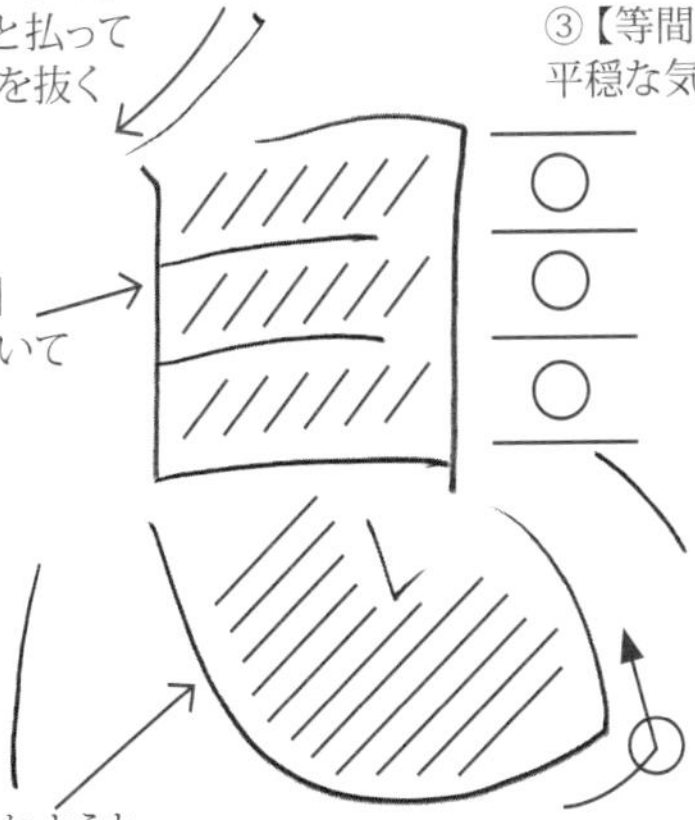
①【左ハライ】
スーッと払って
肩の力を抜く
②【閉空間】
大きめに書いて
元気よく！
③【等間隔】
平穏な気持ちをキープ
④【深い懐】
なんでも受け入れようと
深く書く
⑤【ハネ】
いったん止まって
思い切りハネる

ます。そして、「心」は、自分も相手も受けとめられる心の器を意識しながら深く広めに書きましょう。

「息」はウォーミングアップの文字です。自分の心の状態を知りたいとき、バランスを整えたいときに書いてみるといいでしょう。

くれぐれも息づまらないように気をつけてくださいね！

※丹田…へその少し下の気力が集まるとされている部分。

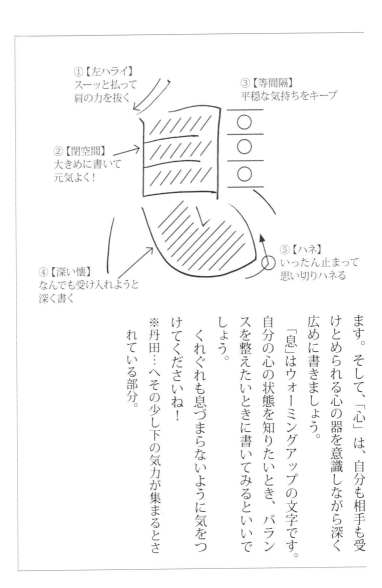

ポイントと解説

②夢や目標をあきらめてしまいそうなとき「どうせ私には無理」と思ってしまう日におススメの文字

「景」

【「景」を通じてステキな未来を見てみよう】

「景」には、太陽に照らし出される景色、様子という意味があり、そこから「景色」「光景」「風景」といった使われ方をします。そして「景気」は世の中のお金の活動の様子もを表します。

すぐに飽きてしまう、あきらめてしまう人は、好奇心が旺盛でフットワークが良く、つねに何かを求めているアグレッシブな人。瞬発力はあるけど持久力がない。だからすぐ息切れしたり疲れてしまいます。

そして、このようなタイプの人は直観、感性が優れているので決断力はありますが、実は、先を見通した上での決断ではないので当たりはずれがあり、見通しがが甘かっ

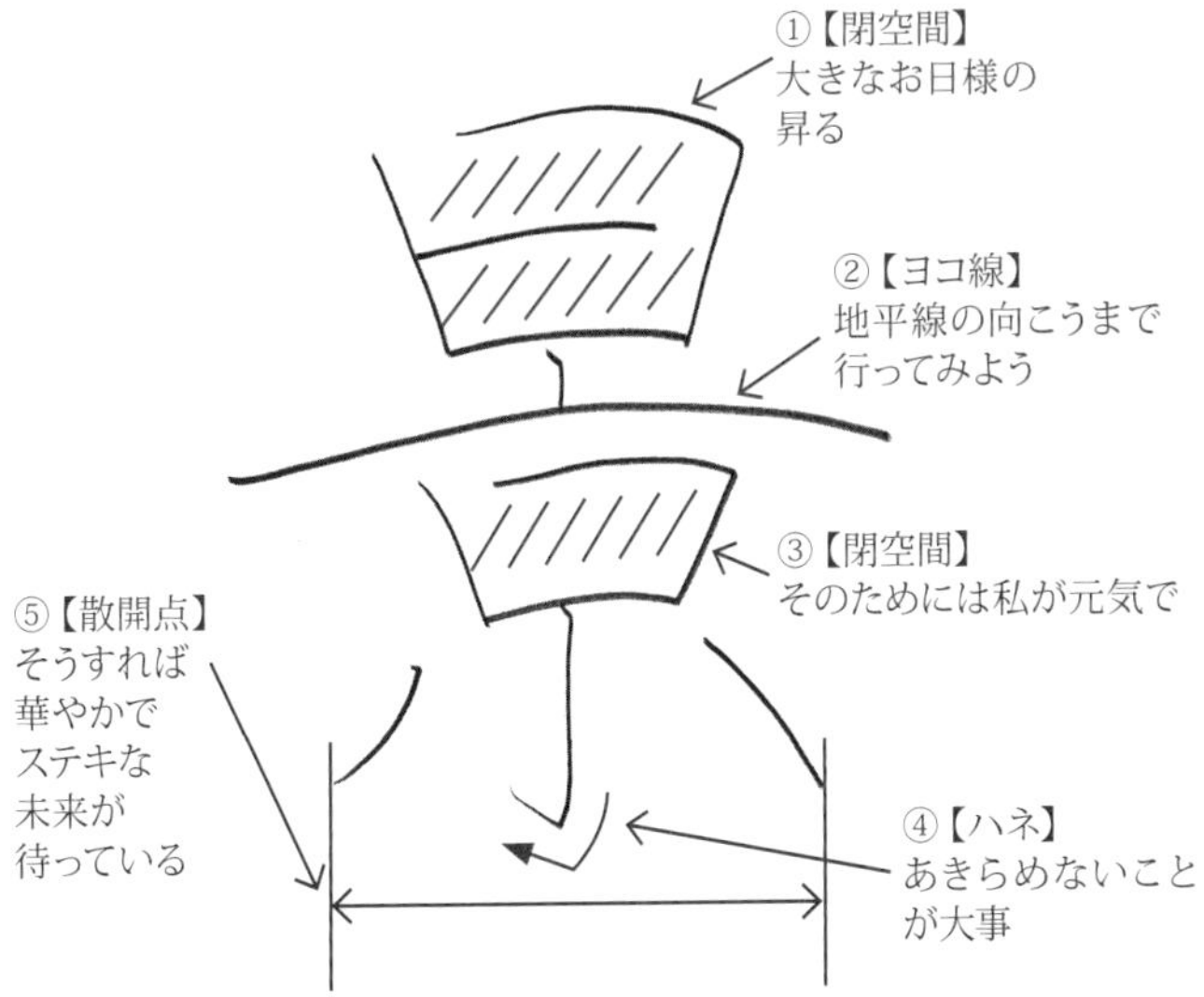
①【閉空間】
大きなお日様の昇る
②【ヨコ線】
地平線の向こうまで行ってみよう
③【閉空間】
そのためには私が元気で
④【ハネ】
あきらめないことが大事
⑤【散開点】
そうすれば華やかでステキな未来が待っている

たりすることもあります。

継続ができるかどうかは、能力の問題ではなく、瞬時に周りを見渡し、判断に必要な材料をできるだけ拾い先を見る力にかかっています。

くじけたり飽きたりするのは、判断材料が乏しくて先が見えなくなるから。「これをやると半年後どうなる?」「このまま行くと私はどんな立ち位置になれる?」といった周辺や将来のことをイメージしながら書いてみましょう。そのイメージが具体的で鮮明で周りの景色がはっきり見えれば見えるほど、あなたの夢は現実に近づきます。

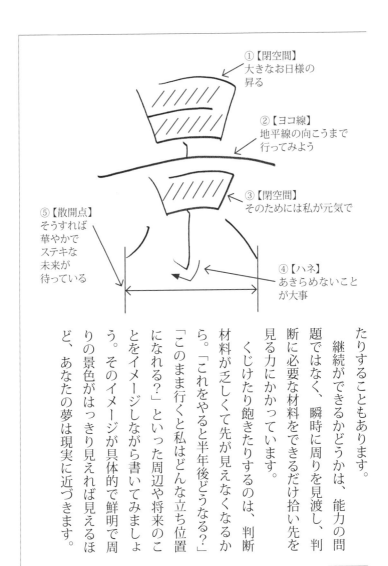

ポイントと解説

③イライラが止まらない！　怒りの沸騰が収まらない日におススメの文字

「丸」

【「丸」はイライラをクールダウンさせる力があります】

「丸」は、弓の弦に小さな丸い弾を当てて、はじき飛ばそうとしている形からきています。鉄砲の弾を「弾丸」、噛み砕かず飲み込むことを「丸飲み」など、欠けたところのない完全な形を意味します。テストの採点でつける「〇」も同じ意味です。

人の話が自慢話のように聞こえたり、話題の中心にいたいと無意識に思ってしまうのは、コンプレックスや不安の裏返しかもしれません。

自分の欠けて敏感になっているところを指摘されたような気がしてイライラしてしまうのではありませんか？

一般的に人は、自分の欠けているところには弱腰になるものですが、反対に他者に怒りの矛先を向けてしまう人は、自分と向き合うのが苦手なナイーブな人です。

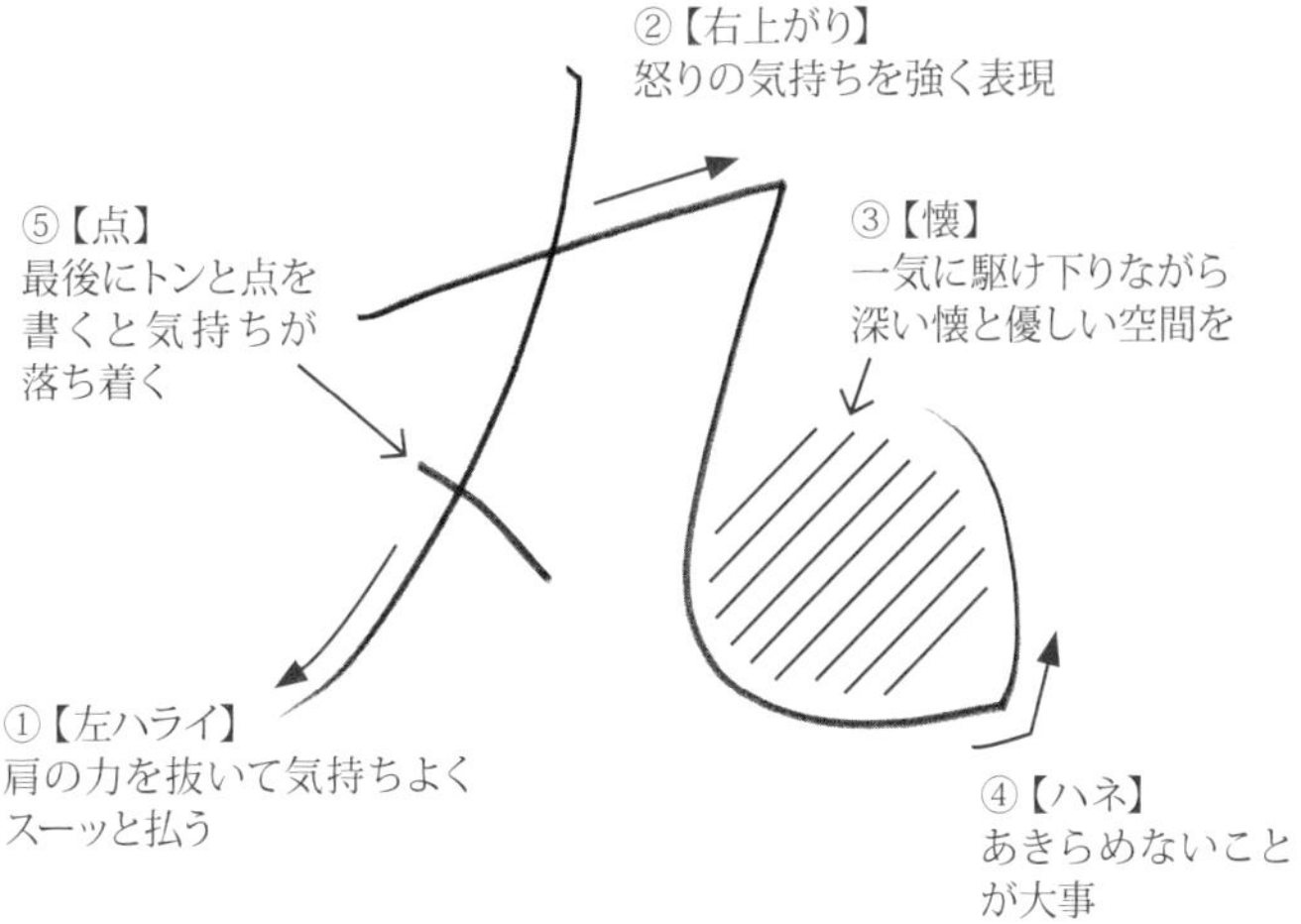
②【右上がり】
怒りの気持ちを強く表現
⑤【点】
最後にトンと点を
書くと気持ちが
落ち着く
③【懐】
一気に駆け下りながら
深い懐と優しい空間を
①【左ハライ】
肩の力を抜いて気持ちよく
スーッと払う
④【ハネ】
あきらめないこと
が大事

自分の弱さを感じることが心地悪くて、つい、他人や物に怒りをぶつけてしてしまうのです。だから自分で気づいていないことも多いです。

イライラしたり居心地が悪くなったときは、怒るのをちょっと我慢して、できるだけ気持ちを落ち着かせて、大きく「丸」と書いてみてください。一画目の左払いをスーッと書くことで力が抜け、二画目に大きな曲線の器を作り、勢いよくハネて、最後に「トン」とおろすことで気持ちをクールダウンできます。言いたいことが言えない人もスッキリしますよ！

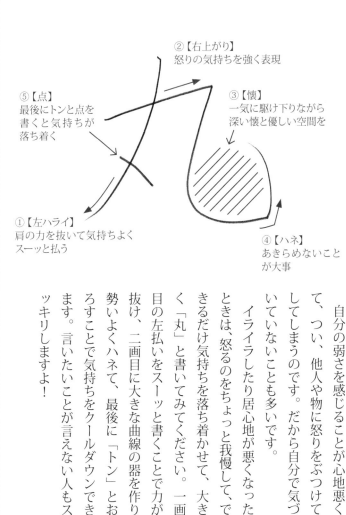

ポイントと解説

④夢や目標に向かって邁進したいとき、ぶれない軸と思いの強さ、深さを実感できる文字

「叶」

【「叶」には夢を叶える力があります】

「叶」は、「口」に「十」（多いの意味）と書き、多くの人の言葉が調和したときという意味があります。ちなみに「叶」は「協」の古字※で、協は「力」（農作業で使うすきの意味）が三つで、みんなの力を合わせて農作業するという意味があります。つまり、何かを成し遂げるときは一人ではなく、みんなの力が必要だということが「協力」「協和」という文字からもわかります。

あなたが今、目標達成までうまくいっていないことがあるとしたら、周囲の協力体制はどうか、人間関係はうまくいっているか考えてみてください。

「叶」という文字を筆跡心理学の観点から見ると、今のあなたの状態がわかります。

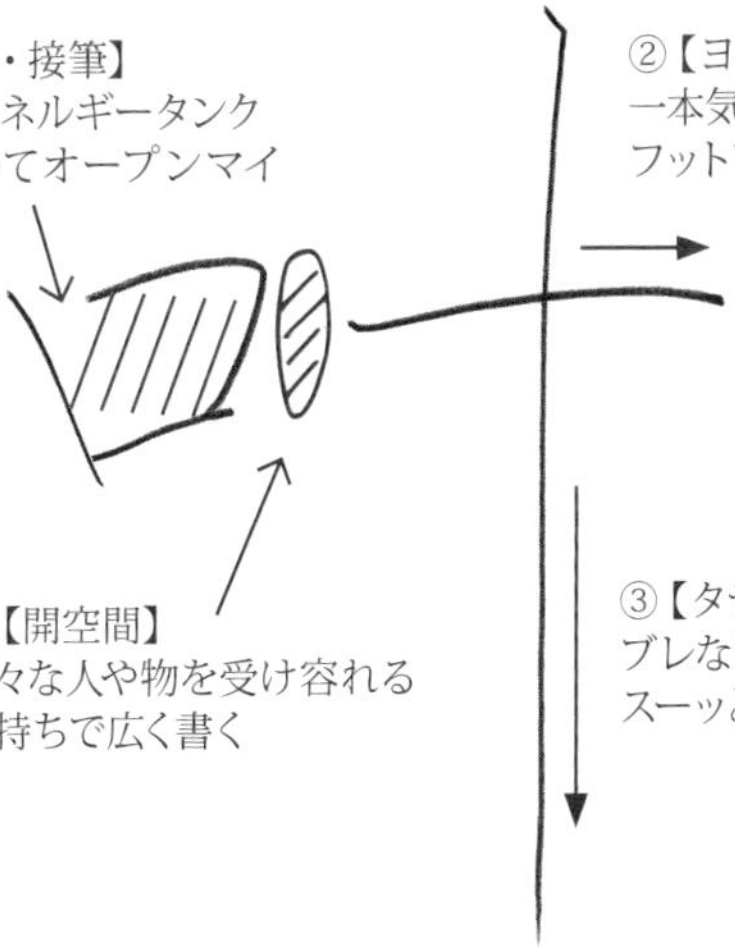
①【閉空間・接筆】
あなたのエネルギータンク
大きく書いてオープンマインドに
②【ヨコ線・右上がり】
一本気な気持ちで
フットワーク良く
③【タテ線】
ブレない自分軸を意識して
スーッと長く書く
④【開空間】
様々な人や物を受け容れる
気持ちで広く書く

「口」が小さかったら、あなた自身のエネルギーが弱い状態。元気を出すイメージで大きく書いてみてください。「横線」が短かったらフットワークが弱いのかも。どこでも行きます！という気持ちを込めてブンと長く書きましょう！「縦線」は自分軸。何か迷っていることやぶれがあるのかも。64ページでも紹介した姿勢を正して「私のモチベーションは永遠！」とスーッと気持ちよく長く書きましょう。「ヘンとツクリの間」が狭かったら頑固になっているのかも。外気を取り入れるつもりで少し開けて書いてみてください。

※古字…現在は使われていないが、昔使われた文字や書体。

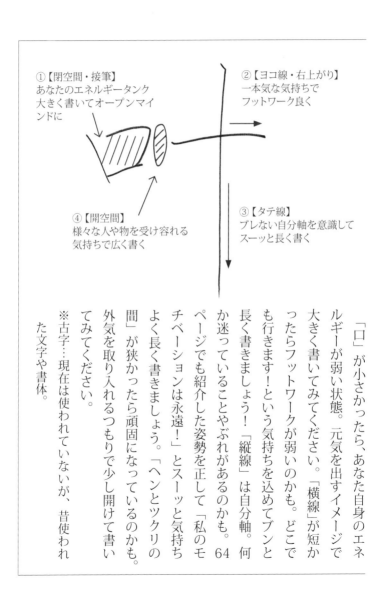

ポイントと解説

⑤今までの固定概念から抜け出したいとき、「変わりたい！」「脱！ねばならぬ」におススメの文字

「飛」

【「飛」躍の度胸を身につけ、軽やかに飛び立ちましょう】

「飛」は、鳥が飛ぶ形からきています。そこから空を飛ぶ「飛翔」、大きく発展して活躍する「飛躍」、飛ぶように早い「飛脚」などと使います。

パラグライダーなどで飛行体験するときは、飛ぶのに助走が必要です。そこで怖気づいたり、力強く走れなければ、風に乗ることができません。「私には無理」「できるはずがない」といった迷いも禁物です。

固定観念から抜け出すには根拠や理由より「飛ぶぞ！」という覚悟と度胸が大事です。そして風の流れをつかめたとき、人は飛躍できます。大きな変化を作り出すときほど、度胸と機を見ることが必要になってきます。

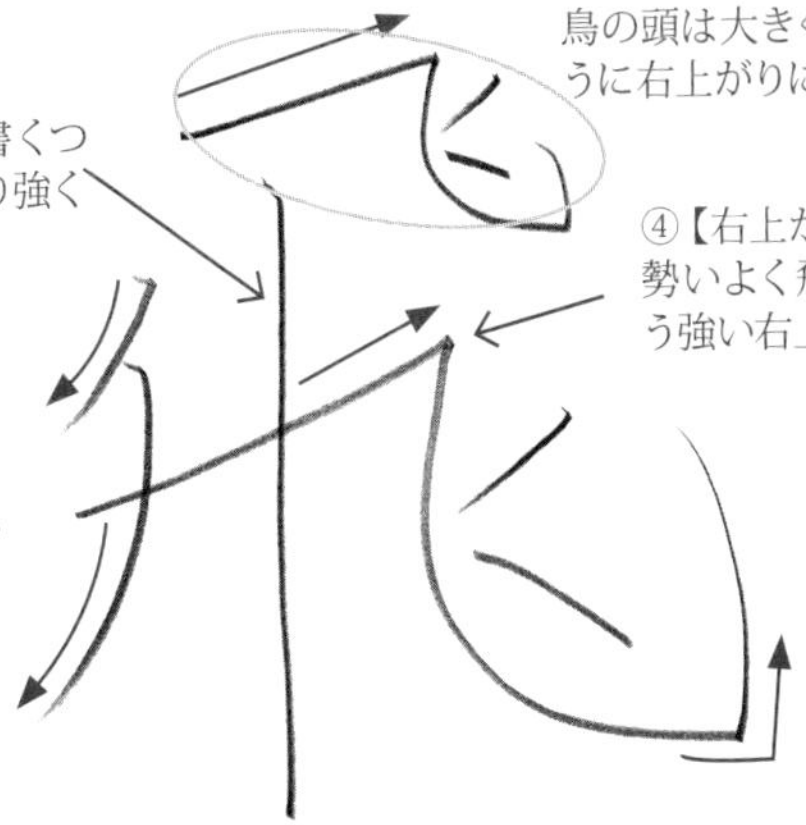
①【右上がり】
鳥の頭は大きくならないように右上がりに書く
②【タテ線】
自分の軸を書くつもりでしっかり強く書く
④【右上がり】
勢いよく飛べるよう強い右上がりに
③【左ハライ】
しなやかな羽をイメージして気持ちよく書く
⑤【ハネ】
「えい!」と思い切り飛び立つ自分をイメージしてハネる

「飛」は書き順が難しい文字です。この順番を間違えるとうまく飛べません。順番を意識しながら、ひらりと飛び立つ自分をイメージして書いてみましょう！

1～3画目は鳥の頭。あまり大きくならないよう、躍動感をつけるため右上がりに書きます。

4画目は縦線です。こちらは自分軸をイメージしてしっかりと長く書きましょう。5～6画目は羽です。ひらひらふんわり気持ちよく払いましょう。7画目は飛び立つ自分をイメージして、右上がりをつけて、深い懐を意識してから飛び立つイメージで思い切りハネましょう。2つの点も向きに気を付けてていねいに書きます。

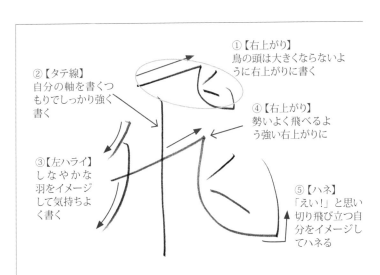

ポイントと解説

⑥周囲への感謝の気持ちが湧いたとき、応援してくれる人が増えた日におススメの文字

「賛」

【小さな出来事に感謝できる敏感な心を作りましょう】

「賛」の上の部分は髪飾りで、古代中国では髪飾りを貝に備えて神に祈ることがあり、その祈りが実現したとき、神に感謝しほめたたえることを「賛」と呼ぶようになりました。

そこから、脇から力を添えて助ける、同意することを「賛同」、ほめたたえることを「賞賛」という使い方をします。

現代人は主に良い事が起きるよう、悩みが解決するよう神に祈ります。

しかし、古代人が主に神様に感謝したのは、（わざわいなどが）何も起きないよう見守ってくれていることに対してでした。

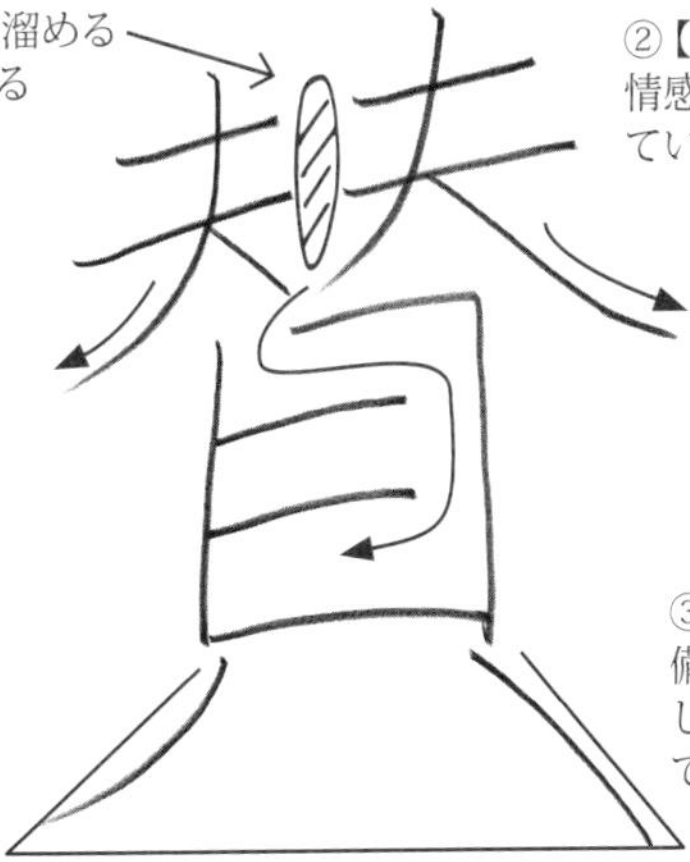
①【開空間・懐】
感謝の気持ちを溜める道と入れ物を作る
②【左ハライ・右ハライ】
情感を込めてていねいに長めに書く
③【末広がり】
備える貝の台座をしっかりと安定させて書く

私たちも今、平穏で安心して暮らせることは「当たり前でない」と気づけたら、日々のほんの小さなことにも感謝できます。その感謝の気持ちを人に向けながら「賛」を書いてみてください。

書き方のポイントは2つの「夫」。ここは意外と雑に書きがちな部分です。ステキな髪飾りをイメージしててていねいにゆったりと書きましょう。

そして、「貝」は髪飾りを備えるお皿です。グラグラしないよう、安定感を出して書くと繁栄と安定を手に入れられます。

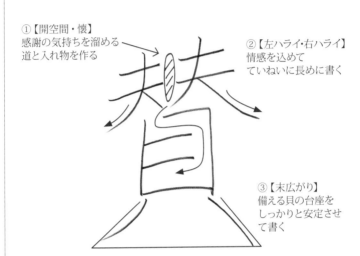

ポイントと解説

⑦新しい挑戦をしたいとき、途中であきらめず達成できるようになる文字

「有」

【欲しいものはすでに手の中にある。自分の強みを知って勢いをつけよう！】

「有」は、右手に月（にく）を持ったところから、祭肉を手にもって神にすすめること。そこから、「手に持つ」「手の中にある」という意味があります。そこから、共同で持つ「共有」、力を持つ「有力」、最上位のところを示す「有頂天」といった使い方をします。

新しいことへの挑戦は勇気が必要です。やったことがないことに挑戦するのだから不安があるのは当たり前！

でも、「やっぱり私には無理」「そこまでしなくてもいいんじゃないか」と、できない言い訳をはじめ、自分を正当化して始めたら危険な兆候です。

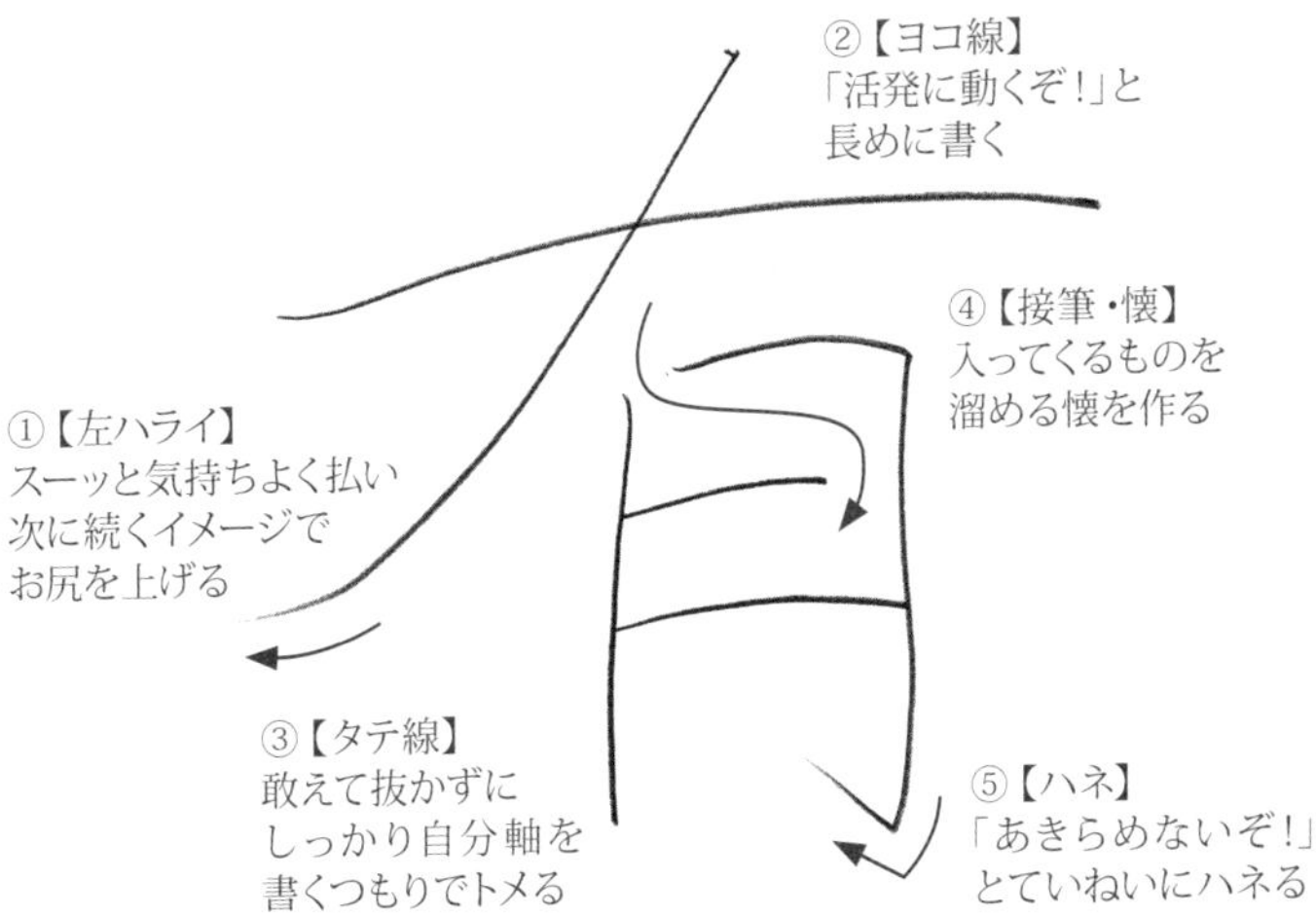
②【ヨコ線】
「活発に動くぞ！」と
長めに書く
④【接筆・懐】
入ってくるものを
溜める懐を作る
①【左ハライ】
スーッと気持ちよく払い
次に続くイメージで
お尻を上げる
③【タテ線】
敢えて抜かずに
しっかり自分軸を
書くつもりでトメる
⑤【ハネ】
「あきらめないぞ！」
とていねいにハネる

そんな時は自分の棚卸をしてみましょう。新しいことを始めるのに自信満々の人なんかいないんです。「情熱」「勢い」「行動」があれば、能力も人脈もお金がなくても前に進めます！

「有」は、左払いから書き始める文字です。スーッと左下に払ったら、その勢いで横線を長く書く。それだけで覚悟が湧いてきます。3画目の縦線はあえて払わず、自分の柱を書くつもりでしっかりトメましょう。「月」の横線の中に器を作り、すでに自分が持っている強みに気づくことができれば、迷いなくやりとげることができます。

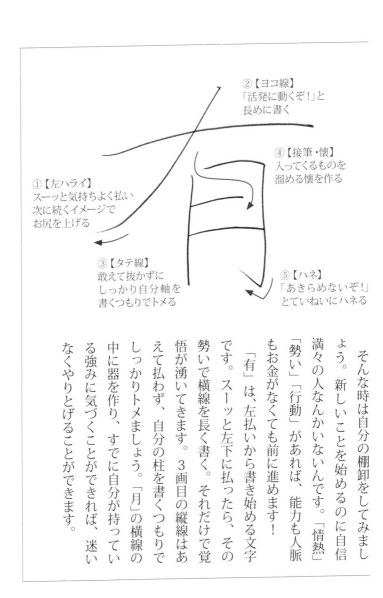

2 スイッチONになる文字

いかがでしたか？

文字と言葉に思いを込めて、ゆっくり・ていねいに、大きく、力強く書くことで、普段書いている文字とは違った感覚があったのではないでしょうか？

書いていて「この文字はいいな！」「気持ちよく書けた」という文字はありましたか？

意味を考えながら書くことで「おお、なんだかいいな！」と思えた文字は、線が濃く滑らかで生き生きとしています。

それはあなたの脳がＯＫを出している文字です。

そのように行動したほうがうまくいくという合図です。

私はそのように書けた文字を『**スイッチＯＮになる文字**』と呼んでいます。

たとえば「息」が気持ちよく書けたなら、あなたの呼吸は整っていますし、「景」が気持ちよく書けたなら、あなたは未来志向になっていて、目先のことに惑わされなくなっているのです。

不思議なことに一度スイッチが入ると、以降に書く文字は大体気持ちよく書けます。講座でこのレッスンを行うとき、受講生の様子を見ていると、書いている姿から「あ、スイッチONになったな」と分かります。

スイッチが入った人は表情もにこやかに、気持ちよさそうに書いているからすぐ分かります。

デカ文字セラピーは、たった一文字書くだけで心を整えることができます。

だから、紙とペンさえあればどこでもできます。

大事な商談の前にドキドキがとまらないとき、言うことを聞かない子供を叱らなければならないとき、落ち込んで元気が出ないときなどに、ぜひお試しください。

紙とペンがない時は「エアー（空書き）」でもOKです。

その際もゆっくり・ていねいに、大きく、力強く、を忘れずに。

文字に自分の生き方をイメージして空中に書けば、それだけで心のコンディションをよくすることができます。

ぜひ試してみてください。

5章では、さらにあなたの脳が喜ぶ、あなただけの「デカ文字カウンセリング」を行います！

5章

「デカ文字カウンセリング」で答えを見つける

1 「デカ文字カウンセリング」とは

4章の「デカ文字セラピー」は、心理状態に合わせた漢字1文字の意味を考えながら、ゆっくり・ていねいに、大きく、力強く書くことで、あなた本来の力をすぐに取り戻すというもので、文字は思いを込めて書くことで自分の心を整えることができることを感じていただきました。

5章ではさらに一歩進んで、**自分の心の状態を知り、悩みの答えを見つける**ところまで行います。

「え～、文字でそんなことができるの？」と思うかもしれません。

でも、本当なんです！

手書き文字はあなたの本音を映し出す

文字は脳からの指令による「行動」の1つなので、**手書き文字には生き方のクセ（脳が思っていること）が表れる**とお伝えしてきました。

なぜわかるのかというと、

1．例えば「粘り強い人のハネは強い」というように、文字を構成する線一本一本には意味があり（筆跡心理）、その書きグセを分析することで、その人の無意識の考え方・生き方・行動傾向・今の健全度もわかる。

2．例えば好きな人の名前を書くだけでドキドキするように、日本語（漢字）には意味があり、私たちはその文字の印象やそれにまつわる思いを無意識のうちに表現している。

手書き文字は、この2つの要素を脳が判断しながら書いています。

だから、無意識に書いていても脳が答えを出しているのです。

これはO《オー》リングテストのような筋肉反射テストに似た感覚で、文字は世界一正確にあなたの気持ちを反映させる鏡なのです。

文字を見れば本心かどうかがわかります。だから、脳が気持ち悪いと判断したことは、筋肉が緊張するため元気なデカ文字になりません。

たとえば「死ね」「殺す」といった字を書きなさいと言われたら、それだけで脳は恐怖を感じて、肩や腕の筋肉をぎゅっと緊張させ、伸びやかな文字が書けません。それが脳からの指令です。

反対に脳が喜ぶ文字や書き方をすると、筋肉はリラックスし気持ちよく書けます。「死ね」「殺す」など、明らかにネガティブな言葉は、文字に書かなくても身体が拒否反応を示すことはわかりますが、実はポジティブな言葉でも、「脳」がＮＯと判断した言葉はスムーズに書けないのです。

脳は本当に正直。だから書いてみるとあなたの本音がわかります。

この反応を使ってあなたの本音をみつけ出し、なりたい未来に進みましょう。

2 デカ文字で判明！ 今のあなたの気持ち

初級編

「あなたが今、一番食べたいものは？ 嫌いなものは？」

【準備するもの】

・コピー用紙2〜4枚
・筆記用具（筆圧をかけて書けるボールペンやサインペン）※シャープペンはNG

【やり方】

1．コピー用紙2枚を横置きにして半分に折って開きます。

2. 半分に折った1ページ（A5サイズのエリア）に1つづつ、あなたが好きな食べ物をデカ文字で4つ書きます。

・ただ書くのではなく、その食べ物をイメージしながら「食べたい！」という気持ちを込めて書いてください。

※ゆっくり・ていねいに、大きく、力強くを意識して書いてください。

【分析・診断の仕方】

(1)書き終えたら書いた紙を全部机の上に広げて並べます。

(2)席を立ってその紙を見下ろして、少し距離を取って眺めます。

(3)一番大きく、勢い良く濃く書けたのが、あなたが一番欲している食べ物です。

※大好きな食べ物は、線に勢いと伸びやかさがあって、そのまま飲食店のメニューにしてもよさそうなくらいおいしそうに書けています。

※近くで見るよりも、離れて見た方がわかりやすいです。

壁に貼って遠くから見るとか、普段見ない距離から眺めてみてください。

それが自分を客観視することにもつながります。すると、意外な自分の状態が見え

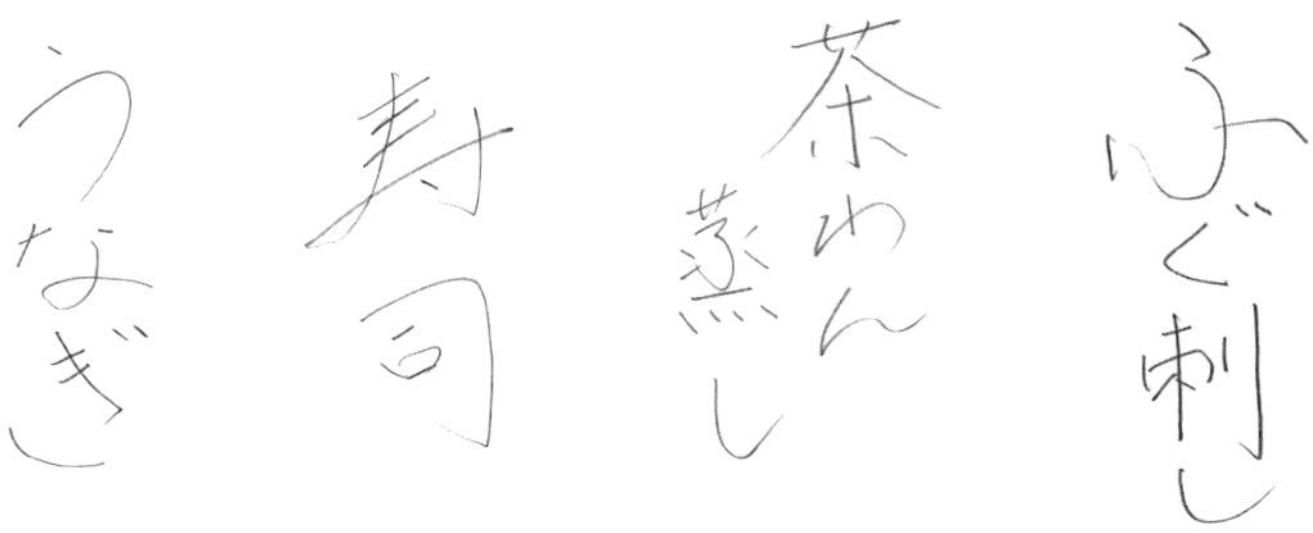

「ふぐ刺し」が一番濃く、大きく書かれている

焼肉以外は比較的濃く書かれているが「メロン」の線の美しさに迷いのなさを感じる

てきます。

※何人かで行って人に診断してもらうと意外な自分の好みがわかったりします。

3．同様の方法で、嫌いな食べ物も4つ書いてみましょう。

好きな食べ物を書くのは楽しかったのに対し、嫌いな物は書きにくい感じがあります。

でも、意外とスルッと書けたら、それは身体が欲しているのかもしれません。どんな反応が出るか、ぜひチャレンジしてみてください。

中級編①

「あなたは今、誰に一番感謝している？」《ありがとうワーク》

【準備するもの】

・コピー用紙1枚（チラシや裏紙でもOK。あまり小さくない紙）

・筆記用具（筆圧をかけて書けるボールペンやサインペン）※シャープペンはNG

【やり方】

1．コピー用紙を横置きにして3分割に折ってください。

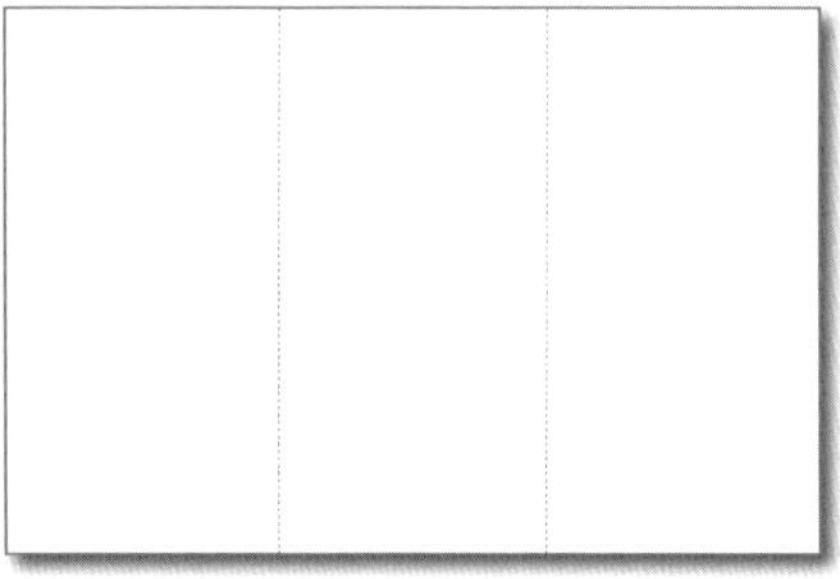

コピー用紙を３つ折りにする

2．紙の一番右側のエリアに、あなたが一番感謝している・大好きな人を思いながら

「××さん、ありがとう」とデカ文字で書きましょう。

・例えば、「お母さん、ありがとう。」「ますみちゃん、ありがとうございます。」など、相手に一番思いを込められる呼称や言い方で書いてください。

3. 2番目のエリアには自分に向けて、ありがとうと書きましょう。

・呼称は1と同様、「私にありがとう」「まっちゃんありがとう」など、一番自分への思いが入りやすい言い方で書いてください。

4. 3番目のエリアにはあなたが苦手な人・キライな人に向けて、ありがとうと書きましょう。

・2、3と同様、その人を普段読んでいる呼び方で「山田さん、ありがとうございます」と、たとえ感謝していなくてもお礼の言葉を書きましょう。

【分析・診断の仕方】

(1) 3人宛の「ありがとう」に、違いを感じましたか?

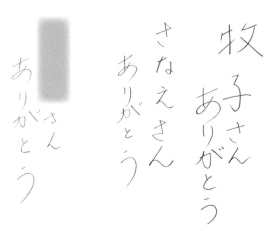

「牧子さんありがとう」が明らかに大きく濃く、感謝の気持ちが表れています。一方、苦手な方へのお礼は明らかに薄く本人も書きにくかったとおっしゃっていましたが、そういう通り、まだわだかまりがあるのがわかります。

※書きやすさは、感謝している人↓自分↓苦手な人の順番になります。

※でも3つの文字をよく見ると、大きさ、力強さ（濃さ）、ていねいさなどが違っていませんか？

※近くで見るよりも席を立って、離れたところから見ると違いに気づきやすいです。

(2) 一番大きく、のびやかに書かれた名前が、今、あなたが一番感謝している人です。

※感謝している人より自分の名前を大きく書けた人は、自己肯定感が上がっている人です。悪くないです。

(3) キライな人・苦手な人の文字はどうでし

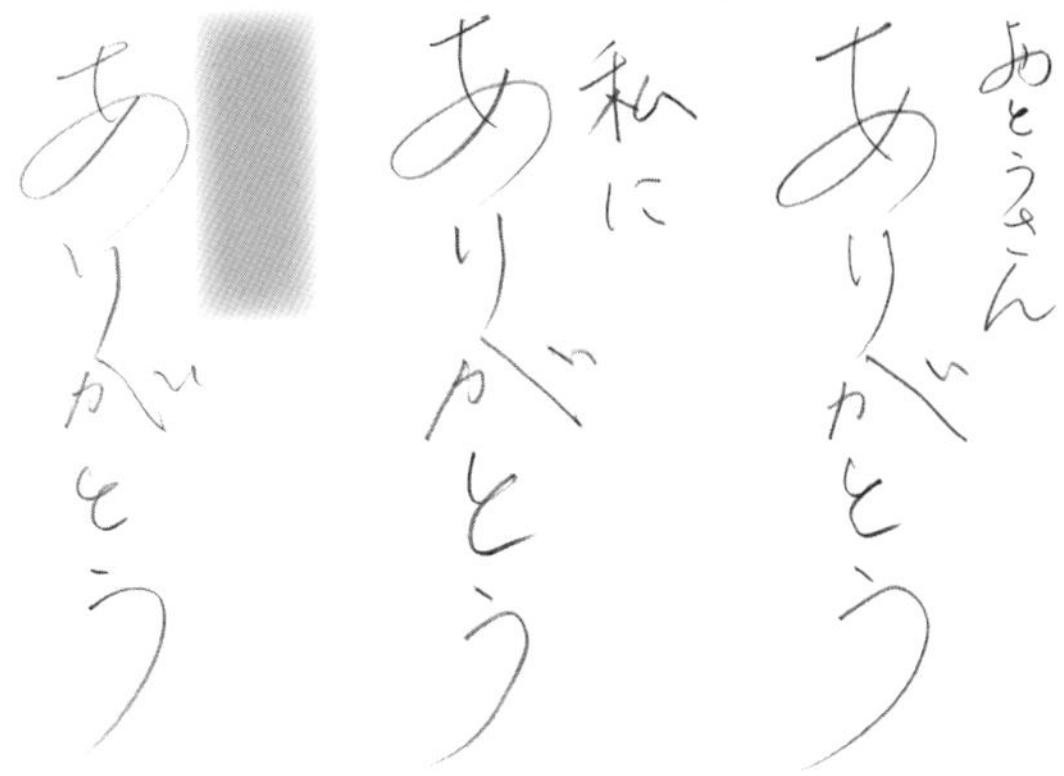

一見どの文字ものびやかに書かれていますが、３番目の文字は薄く「早く書き終えちゃおう」という気持ちで書いたとおっしゃっていました。文字サイズが少しづつ小さくなっているのがわかります。

たか？

※楽しい気分では書けなかったかもしれませんが、思ったよりさらっと書けたら、すでにその人を許している、何とも思っていない状態です。

※ギスギスぎこちなくない印象だったり、他の文字より雑に書いてしまった人は、やはりその人にわだかまりや恨みがあり、早く終わらせたいという気持ちが筆圧薄く・雑に書かせてしまいます。

(4)人が書いている姿を見るともっとわかります！

※自分で書いたものを自己診断するのも良いですが、お友達や家族で順番に行って、

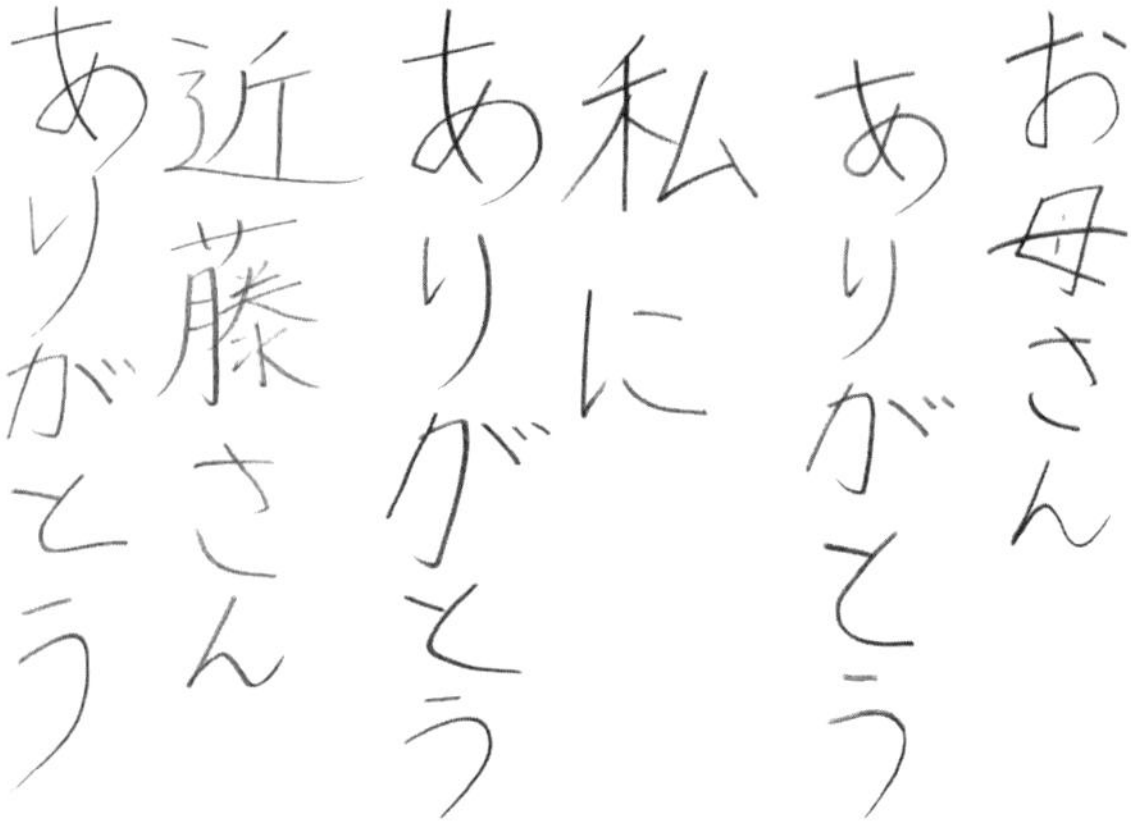
お母さん
ありがとう
私に
ありがとう
近藤さん
ありがとう

「私にありがとう」が一番濃く大きく書かれていることから自己肯定感が高い状態であるとわかります。近藤さんへのありがとうは、多少薄くはなっていますが、ていねいに書けていることから、こだわりは薄れていることがわかります。

書いている姿を見ているとさらにわかります。

※好きな人に向けての「ありがとう」を書いているときはにこやかで、ノリノリに楽しそうに全身を使って書いたりしますが、書きにくい人へのメッセージは、紙から距離を取ったり、頭を書いたり辛そうに書くのですぐにわかります。

(5) たかが文字、されど文字。

同じ「ありがとう」なのに、固有名詞をつけるだけでこんなに気持ちが変わるのか！と気づいていただけたら、このレッスンは成功です。

中級編②

「あなたの気持ちを文字に表すと？」

【準備するもの】

・コピー用紙3～4枚（ノートやチラシ、裏紙でもOK。あまり小さくない紙）

・筆記用具（筆圧をかけて書けるボールペンやサインペン）※シャープペンはNG

【やり方】

1．コピー用紙を横置きにして半分に折ってください。

2．折った紙の半分（A5サイズ）に、今の自分の気持ちを表す漢字1文字・単語をデカ文字で書いてみましょう。

・言葉に思いを込めて、イメージを高めて書きます。バランスや上手・下手を気に

「宇宙」「愛」よりも「素」「豊」が伸び伸びと書けています。書いている姿も「豊」を最も楽しそうに書いていらっしゃいました。

せず、自分が思うように書きましょう。

・漢字1文字でも、熟語2文字でもかまいませんが、あまり長くない単語が好ましいです。

・例えば、「健」「龍」「勢」「昇」「安」「志」「華」「変化」「改革」「成長」「平穏」「安定」など、頭に浮かんでくる漢字や文字をいくつでも書いてみてください。ただし雑に書かないこと。

・普段イメージしない言葉にも挑戦してみてください。（辞書や検索をしてもかまいません）

【分析・診断の仕方】

(1)書いてみて気持ち良く書けた文字が、脳

お子さんが生まれたばかりの方なので、子供に不安を与えることなく頑張りたいという気持ちで「金」を選んだそうです。「将来安心でいられるくらい稼ぐぞ！」という思いが伝わります。

がＯＫを出している文字です。

※スイッチが入る文字は気持ちよく、気負わなくても大きく書くことができます。

※一つだけ書くよりもイメージした文字をたくさん書いてみた方が感覚的にわかりやすいです。

※「あ、これだ！」という感覚がわからないときは、「この文字は違うな」と消去法で消していくとわかりやすいかもしれません。

(2)脳がＯＫを出している文字とは勢い良く書けて、書き終えたときも「いい感じ！」と思えます。

※脳がＯＫしている文字なので、筋肉もリラ

これから起業を考えている方なので「健康で強く！」と思われたようなのですが、「育」が最ものびやかで濃く書けています。やさしい方なので「何かを育むビジネス」が向いているのかもしれません。

ックスしています。だから、その言葉をイメージしながら行動すると、スムーズに成果を出しやすくなります。

(3) 一度に答えが出ない場合は、時間をかけて書いてみても大丈夫です。

※字を書くのではなく、思いをアウトプットするイメージです。

上級編

あなたの悩みを文字で解決⁉《デカ文字カウンセリング》

この方法は、私が実際にお客様とのコンサルティングに使っている手法です。話していてもなかなか答えが出ない場合、脳に答えを聞くことで自分でも意外な解決策を引き出すことができます。

【準備するもの】

・コピー用紙3～4枚。（ノートやチラシ・裏紙でもOK。あまり小さくない紙）
・筆記用具（筆圧をかけて書けるボールペンやサインペン）※シャープペンはNG

【やり方】

1．コピー用紙を横置きにして半分に折ってください。

2．あなたが今、頭に思う不安や心配、悩みをデカ文字で漢字1文字・単語で書いてください。

・A5サイズにデカ文字で書きます。考えすぎず直感でイメージした言葉で大丈夫です。

・例えば、「沈」「金」「愛」「誠」「停滞」「平凡」「将来」「信頼」など漢字1文字でも、熟語2文字でもかまいませんが、あまり長くない単語が好ましいです。「時間がない」と文章にする必要はなく、「時」「時間」「不足」など強い単語で言い切ります。

・出てくる言葉は、前向きでない場合が多いと思いますので、デカ文字で書くのは苦しいかもしれませんが、できる範囲でデカ文字で書いてみてください。小さい文字で書くと答えが見つかりにくいのです。

3．次は、そこから連想する言葉をどんどんつなげて書いていきます。

例えば（将来の）「不安」だったら「転職」「副業」「起業」と次に浮かんだ選択肢を書きます。

4．言葉はいつも使っているものに限らず、思い切った、普段なら思考にない言葉を

思考経路の例（1単語ごとに1枚の紙に書き出しています）

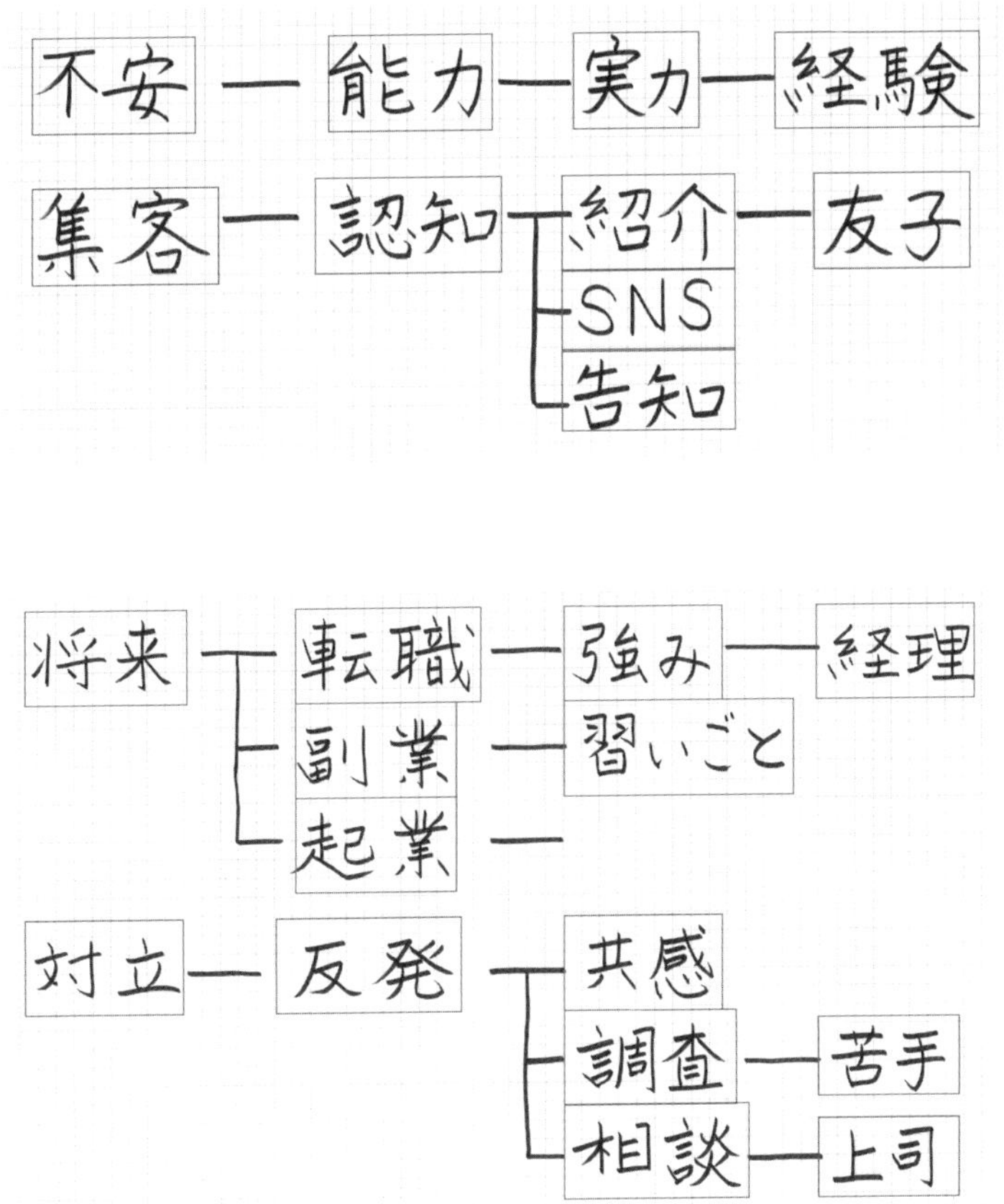

書いてみるのもおススメです。

【分析・診断の仕方】

⑴書きながら「あ、そうか！」「これだ！」と、腑に落ちる言葉が書けたら、それがあなたが行動すべき言葉（行動）です。

⑵道はいくつも分かれて構いません。

「あ、これはピンとこない」と思ったら、その道は進まずに別の言葉を書いていってください。

小さな文字で適当に書くと、ごまかして書くことができますが、デカ文字で書くと自分にウソがつけません。だから、腑に落ちる言葉が書けると「あ、これだ！」と手の感覚で心の声を聞くことができます。

コラム

「デカ文字」に判断をゆだねる
～答えは一つでなくていい～

弊社のカウンセリングにおいでになったTさんの相談は恋愛問題でした。

長い付き合いの彼はアメリカに住む5歳年下のカメラマン。

遠距離のせいなのか、奔放な性格のせいなのか、いつも彼に振り回されてしまうのでもう別れようかと思っているとの相談でした。

でも彼のことを好きなのは私の目から見ても明らかです。

そこでまず書いてもらった文字は「**受容**」。これは日々振り回されイライラしているので論外！　NGワードでした。

では、あなたの方が年上なのだから待ってあげたら？と「**待つ**」を次に書いてもらったらこれもNGでした。Tさんも経営者で活発な方なので、待つなんてとても気持ちが悪いことだったのです。

Tさんは年に何度か渡米はするものの、あちらに住む気持ちはないようなので、「では、アメリカで頑張る彼のことも応援するけど、私も日本で同じように頑張ると思いながら「**並走**」はどう？」と書いてもらったところ、「これは腑に落ちる！じゃあ、今すぐ結論を出さなくてもいいね」と、にこやかな笑顔を見せてくださいました。

3 「デカ文字カウンセリング」の効果効能

何気なく書いている文字には、私たちが思う以上に普段の自分の考え方や生き方が出ています。

私は政治家が党首討論などでフリップに書く文字を見るだけで、「今度の選挙はこの党は勝てないかも」と分析することができます。そして勝敗は大体その通りになることが多いです。

これは、デカ文字カウンセリングを受けてくれたあなたもきっと判読することができます。

なぜわかるかというと、それは**主義主張をどれだけ重く考えて書いているかが文字に現れる**からです。

たとえばあなたがある党の党首で「国民の生活が大事」をスローガンにしようと強く思っているとしたら、どんな字を書くでしょう？　その気持ちが本当なら自然に力が入り、ていねいに書こうとするはず。

それが情熱と相手（国民）への思いです。

もっとシンプルな例で言えば、大好きな人にメッセージを送るとしたら、それが愛の告白でなかったとしても「相手によく思われたい」「ちゃんと伝えたい」という気持ちから、自然にていねいな文字になるはずです。

相手を大事にする思いが自然にそういう行動になります。

そんな時に雑に書いてしまうということは、政治家であればその政治姿勢は本当に腑に落ちているのか疑問ですし、大好きな人のメッセージが雑に書かれているとしたら、本当に雑な人なのか、相手を心から大事に思っていない証拠なのかもしれません。

何度も言いますが、**文字には情熱や思いの強さが現れます**。

字の上手い下手は関係ありません。

私は企業の採用のお手伝いをすることがあるのですが、その際は、できるだけ手書きで何か書いてもらうようお願いします。

手書きは、その人材の能力や性格がわかるだけでなく、**会社への思い**もわかるからです。

我々日本人はどうしてもうまい字の人を優秀と勘違いする傾向があります。

もちろん上手な字は悪くありません。

しかし、そこに情熱を感じなかったらあまり意味がないと私は思います。

字をうまく書ける人とは、お手本を見て書く書写能力が高い器用な人です。

しかし、その文字の筆圧が弱かったり線に勢いがなかったりすれば、その人はその会社へあまり情熱を持っていないという意味になります。

「この会社はこれくらいの力を出しておけばいいだろう」というおごりだったりすることもあります。

実際、そのような字を書く社員さんは、翌年伺うとたいてい退職していることが多いです。

文字には正直なあなたの心の状態が現れます。

無意識に書いても表れるから、おもしろいのです。

「これが書けないからダメだ」という判断の仕方ではなく、デカ文字カウンセリングをすることで、自分の選択肢はたくさんあって、道はいろいろあることを感じていただければ嬉しいです。

仮に達成したい言葉を脳がOKしなかったとしても、似た言葉や違う角度から見た別のOK言葉が必ずあります。

それを見つけてそのイメージで行動すれば、望む未来に一歩近づくことができます。

おわ

りに

ここまでお読みいただきありがとうございました。

デカ文字レッスンはいかがでしたでしょうか？

少しでもデカ文字を書く楽しさを感じていただけたら、こんなにうれしいことはありません。


私は、様々な場所で筆跡心理学の講座や講演を行っており、たくさんの人の字を見る機会があります。その時、必ず自分の名前を書いていただくのですが、実は名前を紙のどの位置に書くかでその方の心理状態がわかります。

一般に都市部にお住まいの方は文字の大小に関わらず真ん中に書く人が多いですが、地方にお住いの方は端っこに書く方が多いです。

紙の真ん中に書く人は、自分を人生の中心に置いている人。自分を大事にしているといってもいいかもしれません。一方、端っこに書く人は、「真ん中に大きく書くなんて、そんな目立つことをしたら周りからなんと言われるか…」「あとから何か書くのかもしれないから自分の名前は端に書こう」と、自分より周りを優先している人と言えます。

新潟県の経営者向けの講演で、紙の端っこではありましたが非常に個性的な字を書く男性経営者に「わー、ユニークな字をお書きになりますね、いいですね！」と言ったら、「いや、私の字は汚いからダメです」と即否定されたことがあり、とても悲しい気持ちになりました。この方はせっかくお持ちの自分の魅力・個性を認めていない。ということは、ご自身の会社経営にその能力を発揮していないということだからです。

また、長野県で講演をしたときご参加くださった老舗旅館の女性社長（70代）は、日々我慢を強いられているようなとても小さい文字を右端に書いていました。

「お疲れになりませんか？」と聞いてみたら「毎日ヘトヘトよ。」とおっしゃる。

「そうですよね、社長はいつもお客様や社員さんのことを最優先に考えていらっしゃいます。でも、社長がお疲れになっていたらみんな心配しますし、そんなに大変なら偉くなりたくないと社員さんは思うかもしれません。私は、社長は一番元気で楽しんでいるべきだと思います。社長が幸せな会社は社員さんもしあわせだから、お客様をずっと幸せにし続けられますよね。だからもっとお名前を大きくど真ん中に書いてみませんか？」と申し上げたら「そんな風に考えてもいいの？　そんなこと考えたこともなかったわ」とおっしゃり、その場で涙を流されました。しかし老舗旅館を切り盛りしている方だけあって、すぐにお名前をダイナミックに大きくど真ん中に書いて「これは気持ちがいいわね！」とにこやかに言ってくださったお顔が忘れられません。

日本人は礼儀正しくルールに従順です。それは美徳だと思いますが、型にはめたり正解を求め過ぎの気がします。質問も「これはダメですか？」「これはいいですか？」と二者択一の質問が多い。

人ってそんなに簡単に分類できないです。自分の文字（生き方）を良い悪いで決められたくないと思いませんか？　多様性の時代に何とナンセンスな！

字を大切に書くことは自分との対話。いつの間にか自分と向き合い、それによって呼吸が深くなり、心が落ち着き、本来の自分が顔を出してきます。

しかし、ルールや常識に縛られてしまうと「褒められたい」「失敗したくない」というつまらない守りの自分が顔を出してしまいます。

美文字でないからと言って自分の文字はダメと否定するのは、自分の個性や魅力を殺しているようなもの。本当にもったいないし、社会的な損失と言っても過言ではないです。

と、つい熱くなってしまうのですが、でも、様々な個性をしっかりと認める社会になってほしい、字はきれいでなければだめという固定概念を外し、書きたいようにダイナミックな文字を書いてほしいのです。

「いろいろな人がいていい」「みんな同じでなくていい」のです。

枠からはみ出たっていいし、曲がったっていい、お手本通りでなくていい。のびのびと自分の個性を表現してほしい。大事なのはデカ文字を書いて脳を喜ばせること。

やったことのないデカ文字を書くのは、最初はちょっと怖いかもしれません。

でも大人になって子供のようにダイナミックに字を書ける素晴らしさや心地よさを感じてほしいです。

そして、それによってあなたが新しい自分と出会い、かけがえのない才能を十分に発揮できることを心からお祈りしております。

林 香都恵（はやし・かずえ）

（有）匠佳堂　代表取締役

ビジネス・コミュニケーションコンサルタント／林式 匠の筆跡診断考案者

横浜ゴム㈱を経て、２０００年（有）匠佳堂を設立。全国の経営者・ビジネスマンに筆跡診断やエニアグラムによる自己啓発・講演・研修などを行っている。筆跡診断数は約５、２００件。

２０１２年、ＴＢＳにてオウム真理教高橋容疑者の潜伏先を唯一正確に分析し評価を上げる。

文字には書いた人の生き方が表れる。その中には本にさえ知らない魅力や才能があふれているのに、それに気が付かず、せっかくの能力を発揮できていない人が多いときづき、そこから〝筆跡を変えれば生き方が好転する〟をミッションとし、本人の魅力を最大限に生かす文字の書き方をアドバイスするというスタイルでビジネスを行っている。

講演、講座、開運改善カウンセリングは、ビジネスマンにも個人にも非常に満足度が高く、効果が高いと評判。

現在は、「林式 匠の筆跡診断士養成講座」、筆跡心理学とエニアグラムで自分のビジネスを加速させる「瞬癒筆跡診断メソッド」、時間やお金に余裕がない忙しい方でも楽しく学べるサブスク「筆跡診断ラボ」を主宰し、全国に多くの受講生を育成している。

著書『ビジネス・コミュニケーション』（生産性出版）、『筆跡を変えれば自分も変わる』（日本実業出版社）、『一文字セラピー』（日本文芸社）など、日経WOMAN、anan、25ans、ひるおび！など、ＴＶラジオ各種雑誌などへの出演・出稿経験多数。

www.shokado.com

https://www.facebook.com/kazue.shokado

ご購入特典プレゼント

文字だけではなかなか伝わりにくい
ペンの持ち方と正しい姿勢のとりかた動画
&
デカ文字セラピー完全解説動画

こちらのQRコードからアクセスしてください！

http://shokado.com/dekamoji/

Special Thanks to:
出版プロデュース　天海　純

成功《せいこう》する人は字《じ》がデカい！

二〇二〇年（令和二年）二月十六日　初版第一刷発行

著者　林 香都恵
発行者　伊藤 滋
発行所　株式会社自由国民社
東京都豊島区高田三―一〇―一一　〒一七一―〇〇三三
電話〇三―六二三三―〇七八一（代表）
造本　JK
印刷所　新灯印刷株式会社
製本所　新風製本株式会社